LA

RÉVISION BELGE

1890-1893

PAR

Léopold ARNAUD

Auditeur au Conseil d'État

PARIS | BRUXELLES

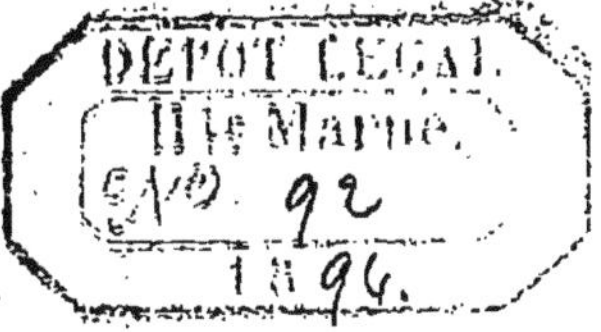

LA REVISION BELGE

1890-1893

CHAUMONT. — IMPRIMERIE ET LITHOGRAPHIE CAVANIOL.

LA

REVISION BELGE

1890-1893

PAR

Léopold ARNAUD

Auditeur au Conseil d'État.

PARIS
A. PEDONE, Libraire-Éditeur
13, RUE SOUFFLOT, 13

BRUXELLES
SOCIÉTÉ BELGE DE LIBRAIRIE
16, RUE TREURENBERG

1894

AVERTISSEMENT DE L'ÉDITEUR

L'ouvrage que nous publions sous ce titre « La Revision belge, 1890-1893 » présente un caractère particulier que nous croyons utile de signaler au public.

Ce n'est point, tout d'abord, une œuvre de polémique destinée à vanter les conceptions de l'un des partis représentés au Parlement belge ou du Ministère qui dirige les affaires du pays, ni un plaidoyer en faveur de telles ou telles idées politiques, catholiques, libérales ou socialistes. Ce n'est pas non plus un commentaire des textes de la Constitution de nos voisins, qui ont été modifiés en 1893; on ne trouvera dans ce livre ni l'examen des questions juridiques que peuvent faire naître les nouveaux articles constitutionnels votés par le Parlement, ni l'étude des difficultés pratiques que soulèvera sans doute leur application.

L'auteur a voulu présenter au public un historique rapide, bien que complet, de la revision de la Constitution belge, exposer les différentes phases de l'œuvre accomplie par le Parlement, rappeler les propositions émanées des différents partis et repoussées tour à tour, faire connaître les idées sur lesquelles l'entente s'étant enfin produite, on a pu arriver à une solution du problème fort complexe et fort délicat qui était posé ; il jette de l'étranger un regard impartial sur les événements qui se sont passés tant à l'intérieur des Chambres qu'au sein du pays, et essayer d'apprécier le rôle joué par des hommes politiques aux conceptions et aux idées souvent fort différentes, dans ce débat sur la Constitution qui n'a pas duré moins de trois années.

Ses connaissances de l'histoire constitutionnelle des grands pays de l'Europe, autant que sa situation personnelle, rendaient plus facile à l'auteur la tâche qu'il s'était proposée; elles lui permettaient d'apprécier avec sûreté et impartialité une réforme sur l'électorat politique et l'organisation du Sénat; elles devaient lui rappeler aussi le souvenir des luttes politiques qui se sont déroulées en France pendant tout ce siècle et lui inspirer plus d'un rapprochement qui ajoute encore à son œuvre un nouvel intérêt.

Cette étude sur la Revision belge nous semble venir à son heure: au lendemain des grandes luttes sur les principes nouveaux qui devaient être inscrits dans la Constitution, et de la promulgation des textes constitutionnels, au moment où se déroulent les discussions des lois électorales, prévues en 1893 par le législateur constituant, à la veille de ces élections générales du mois d'octobre 1894 où nous verrons appliquer pour la première fois ce système du vote plural, jusqu'alors inconnu en Europe.

Nous publions à la suite de l'ouvrage les

textes nouveaux de la Constitution belge. Les textes anciens figurent en notes: le lecteur pourra s'y reporter, il se rendra compte ainsi facilement des modifications introduites en 1893 dans la Constitution du 7 février 1831 et en appréciera toute l'importance.

L'Editeur.

INTRODUCTION

Les esprits politiques, en Belgique, se sont vivement préoccupés, pendant la seconde moitié de ce siècle, de la solution à donner à deux questions de droit électoral, celle de l'abaissement du cens, exigé des citoyens pour leur admission aux urnes électorales, et celle de la représentation des minorités au sein des assemblées tant administratives que politiques ; ni l'une, ni l'autre de ces deux questions ne semble avoir soulevé chez nous de bien laborieuses discussions. Nous sommes passés, du régime censitaire très étroit de la Charte de 1830, au suffrage universel, sans transition. La Monarchie de Juillet s'était familiarisée avec cette idée, que la Révolution avait dit son dernier mot pendant « *les trois glorieuses* » et qu'une fois le pacte constitutionnel rajeuni, il n'y avait plus qu'à gouverner d'accord avec son texte et

1.

son esprit pour être à l'abri de toute commotion nouvelle. L'opinion publique fit en effet crédit jusqu'au complet rétablissement de l'ordre dans le pays. Après 1840, elle se préoccupa de la réforme électorale ; l'opportunité d'une certaine extension du droit de suffrage à accorder fut même discutée au Conseil des Ministres, mais il est intéressant de noter qu'à la veille de la Révolution du 24 février, les esprits les plus avancés se contentaient de demander l'abaissement du cens à 50 fr. et l'adjonction des capacités. Quant à la question de la représentation proportionnelle on peut affirmer, je crois, sans crainte d'être contredit, qu'elle n'a jamais été soumise sous une forme quelconque à nos assemblées législatives ; c'est tout au plus si elle a été discutée à un point de vue exclusivement théorique et doctrinal. L'histoire politique de la Belgique nous offre un spectacle tout différent. Nous ne pouvons que difficilement nous rendre compte du nombre d'articles, de brochures, ou de livres, qui ont paru sur notre sujet dans les différents centres de librairie de nos voisins, du nombre de conférences où l'on traita des deux questions. La Belgique est le pays des associations politiques par excellence; la plus ancienne est, croyons-nous, l'*Association libérale de Bruxelles.* Fondée en 1846, après le Congrès de Bruxelles, elle a dirigé depuis cette époque le mouvement des esprits vers une extension du droit de vote de plus en plus large à réclamer des pouvoirs publics; transformant son programme au fur et à mesure des conquêtes du parti libéral, elle a d'abord donné l'assaut contre la loi électorale de 1831, à partir de 1870, elle s'en prit au texte constitutionnel lui-même. Les associations politiques, tant catholiques que libérales, exercent en Belgique une influence considérable sur l'opinion et l'on n'a pas lieu de s'étonner en les voyant dirigées par les hommes les plus autorisés des deux partis, dans le Parlement et dans la presse. Ce tableau des moyens d'action mis au service des grandes causes politiques doit être complété ; aux époques décisives de l'histoire du droit de suffrage, les publications, les conférences ont paru insuffisantes pour procurer le résultat cherché et c'est par des meetings, par des manifestations à travers les grandes villes, par des menaces de grèves plus ou moins suivies d'exécution, que le triomphe des revendications populaires a été assuré.

D'où vient cette différence de mœurs politiques entre ce pays et le nôtre ? Nous sommes parfaitement convaincus à cet endroit et nous n'hésitons pas à rendre à notre race le tribut de justice qui lui revient. Si quelques esprits ont pu regretter que nous ne soyons pas arrivés au suffrage de tous par un abaissement graduel du cens électoral et s'ils ont tenu pendant longtemps rigueur au suffrage universel de s'être implanté, pour jamais, chez nous un jour de révolution, la faute en est pour beaucoup plus à la législation restrictive des libertés publiques sous laquelle ont vécu nos pères, qu'au tempérament français. De toutes les Constitutions européennes, la Constitution du royaume de Belgique est assurément la plus explicite sur les droits des citoyens, celle qui leur garantit la plus grande somme de libertés. L'article 18 s'exprime ainsi : « *La presse est libre, la censure ne pourra jamais être rétablie ; il ne pourra être exigé de cautionnement des écrivains, imprimeurs ou éditeurs.* » Le droit d'association est formellement consacré. « *Les Belges ont le droit de s'assembler paisiblement et sans armes, sans autorisation préalable* » (art. 19). Ces quelques extraits du texte indiquent clairement l'idée, qui a présidé à la rédaction de la Constitution du 7 février 1831. Pour mettre en face le bilan de nos libertés publiques à la même époque, ou plutôt à la veille de la Révolution de 1848, il nous suffira de rappeler que la *campagne des banquets* a été organisée pour tourner, avec la complaisance du gouvernement, une loi portant interdiction des réunions publiques. Les associations étaient soumises à l'article 291 du Code pénal, cette disposition de la législation impériale qu'une loi du 10 avril 1834 avait rajeunie, précisée. Quant aux lois sur la presse, elles avaient été complétées, après l'attentat de Fieschi ; notre pays en avait connu de plus dures, mais, par contre, un ministère de la Restauration s'était montré beaucoup plus généreux en faisant voter les lois de 1819. Une législation aussi restrictive, dans son ensemble, du droit cependant bien naturel de libre discussion, devait fatalement amener les résultats que l'on sait : la Révolution qui mit fin à la résistance d'un gouvernement obstiné dans son parti pris de ne rien accorder, des années de luttes intestines d'abord, d'asservissement ensuite, pendant lesquelles notre pays fit tristement l'apprentissage du profit qu'un grand peuple doit savoir tirer de ses droits et de ses libertés.

Quoiqu'il en soit, la campagne menée pendant vingt ou trente années en Belgique en faveur de la réforme électorale a porté ses fruits : l'année 1893 occupera une large place dans l'histoire politique sociale de nos voisins. Elle rappellera la première revision de la Constitution du 7 février 1831, dont le roi Léopold II se plaisait à dire qu'elle était la plus ancienne de l'Europe ; l'année 1893 marquera la fin du régime électoral censitaire et l'établissement du suffrage universel en Belgique, car il ne faut pas s'y méprendre : sous la forme d'un texte de loi plus ou moins long, sous les apparences d'un droit de suffrage réglé suivant certains indices d'aisance ou d'instruction, c'est bien cette idée essentiellement simple de l'admission aux urnes de tous les citoyens belges, que les Constituants de 1893 ont consacrée en principe par leurs votes. Une pareille transformation des conditions de l'électorat aux assemblées politiques s'est opérée sans révolution, sans que l'ordre ait cessé d'être assuré sur tout le territoire, sans crise ministérielle même, bien que la question de confiance ait, paraît-il, été posée sept fois au cours des débats; il a suffi de faire fonctionner le mécanisme de la revision constitutionnelle.

Le Congrès national de 1831 ne s'était pas bercé de cette illusion que son œuvre serait immuable, il avait réglé par avance les conditions dans lesquelles des modifications pourraient être apportées à la Constitution. Nous sommes disposés à reconnaître que la procédure de la revision, telle qu'elle a été organisée, maintient un équilibre très-heureux entre les différentes forces politiques du pays. L'article 131 reconnaît au pouvoir législatif, c'est-à-dire au Roi et aux deux Chambres, « *le droit de déclarer qu'il y a lieu à la revision de telles dispositions constitutionnelles.* » Le texte est précis, le pouvoir législatif ne doit pas s'en tenir à une déclaration plus ou moins générale, il doit désigner limitativement les articles de l'acte fondamental qu'il juge nécessaire de modifier. Une prescription aussi impérative présente, à nos yeux, un double avantage. Dès le début de la procédure, l'attention du pays se trouvera éveillée par les discussions qui ne manqueront pas de se produire dans les Chambres sur l'étendue à donner au travail de revision, beaucoup de dispositions seront mises en cause et successivement critiquées, défendues ; les démolisseurs de l'édifice ne devront pas se borner à exposer leurs griefs, ils seront amenés à dire ce qu'ils entendent mettre à la place du régime ancien ; au cours de ce grand débat, les partis politiques prendront position, et lorsque le corps électoral se trouvera, à son tour, appelé à se prononcer sur la question, il pourra indiquer sans équivoque de quel côté sont ses préférences. Mais il y a plus. Avec une limitation des articles à reviser, il n'est pas à craindre que le pouvoir constituant ne soit amené à sortir des limites de sa mission, l'énumération est une barrière facile à garder pour le président de l'Assemblée, et les représentants seraient mal venus à demander le vote d'une proposition, qui aurait contre elle le défaut de se trouver en dehors du programme élaboré par les anciennes Chambres et sanctionné par le pays.

L'article 131 porte, en effet, qu'après la déclaration de revision, les deux Chambres sont dissoutes de plein droit et qu'il en est convoqué deux nouvelles dans les formes ordinaires. « *Ces Chambres, dit le texte, statuent d'un commun accord, avec le Roi, sur les points soumis à la revision. Dans ce cas, les Chambres ne peuvent délibérer si les deux tiers au moins des membres qui composent chacune d'elles ne sont présents, et nul changement ne sera adopté s'il ne réunit au moins les deux tiers des suffrages.* »

Telles sont les conditions dans lesquelles la revision de la Constitution doit se poursuivre pour être régulière; ces conditions ont été fidèlement observées, lorsqu'il s'est agi d'élargir le corps électoral. Nous nous en étonnerons peut-être quand la suite de cette étude aura fait connaître les formes difficiles de l'instruction des propositions de loi devant la Chambre des représentants d'abord et ensuite la composition des partis politiques, leur force numérique et leurs tendances au moment où la question de la réforme de l'électorat politique s'est catégoriquement posée aux Chambres belges comme un problème qu'il était nécessaire de résoudre.

Nous aurions voulu limiter cette étude à l'examen des conditions dans lesquelles la revision de la Constitution belge, accomplie en 1893, a été préparée, discutée et votée ; nous aurions traité successivement de la prise en considération de la proposition de M. Janson dans la séance de la Chambre des représentants du 27 novembre 1890 et des faits qui ont précédé la déclaration de revision émise par les Chambres en mai 1892 ; après quoi, les discussions, les votes au sein des Chambres nouvellement élues, investies du pouvoir constituant, auraient trouvé leur place toute naturelle. Et à l'occasion nous aurions constaté cette particularité assez curieuse que les nouvelles Chambres, dont la raison d'être était la revision de l'œuvre du Congrès national de 1831, ont pu, pendant la session ordinaire de 1892-93, se livrer à la besogne habituelle des assemblées législatives, avant comme après le travail de revision ; les Chambres belges ont successivement abandonné et repris la discussion sur les articles de la Constitution pour voter, entre temps, le budget, interpeller le gouvernement, étudier, enfin, un projet fort intéressant sur la caducité des propositions de loi en cas de dissolution des Chambres. Mais un programme ainsi compris serait trop limité ; il nous faudra remonter très haut dans l'histoire du droit de suffrage chez nos voisins, nous pouvons dire jusqu'au déluge, le mot s'applique, car nous irons saisir dans les discussions du Congrès national l'origine des textes modifiés en 1893. A vrai dire, il y va d'une large part de l'intérêt que quelques-uns voudront peut-être attacher à cette étude. La proposition de M. Janson, dont la prise en considération en 1890 a mis en mouvement toute la procédure de revision, avait été précédée de plusieurs autres propositions ; le fait seul de leur présentation démontre combien le mouvement en faveur de la revision était persistant dans l'opinion publique; il explique, dans une certaine mesure, que la proposition de 1890 ait rallié l'unanimité des votants. Nous ajouterons qu'à la différence de l'électorat aux assemblées législatives, l'électorat aux conseils provinciaux et communaux n'était pas régi par la loi constitutionnelle. Cette considération, jointe à certaines autres, comme les raisons qui militent en faveur d'une distinction entre les trois collèges électoraux, quant aux conditions d'inscription à exiger des citoyens, nous permettent de comprendre que la réforme de l'électorat aux assemblées locales ait été posée la première, devant l'opinion publique et que, jusqu'au vote de la proposition Nyssens, au mois d'avril 1893, un parti politique, en Belgique, se soit obstinément cantonné sur le terrain de l'extension aux assemblées législatives des lois relatives à l'électorat communal et provincial.

I

DE 1831 A 1890.

Le Congrès national de 1831 remit collectivement l'exercice du pouvoir législatif au Roi, à la Chambre des représentants et au Sénat. L'existence d'une seconde Chambre en Belgique ne nous surprend pas trop, car nous sommes habitués à voir dans une pareille institution une garantie d'une action législative plus pondérée et plus stable, que la presque unanimité des pays à régime représentatif ont tenu à se donner. Mais il ne faudrait pas croire que la création du Sénat se soit produite sans soulever de vives objections. Les Flandres sont un des coins de l'Europe où les populations sont le plus sincèrement attachées aux idées de représentation et de libre administration. Beaucoup d'hommes politiques témoignèrent de leur peu de tendresse à l'égard d'une institution que l'on envisageait comme devant entraver l'action des députés. D'autres, sans aller jusqu'à considérer le Sénat comme nuisible, déclaraient que l'existence d'une seconde Chambre ne se justifiait pas dans un pays unitaire et dénué d'une classe aristocratique. Les exemples tirés des Etats-Unis et de l'Angleterre se trouvaient ainsi écartés. Aussi lorsqu'il fallut passer du principe à l'application, les constituants de 1831 éprouvèrent quelque embarras à définir le mode de nomination des membres du Sénat. On n'alla pas jusqu'à suivre l'exemple tracé par un pays de l'Europe où les membres des deux Chambres élus, sur une même liste et le même jour, se séparent ensuite pour aller siéger dans deux enceintes différentes suivant la proportion d'un contre trois, mais on remit l'élection des représentants et des sénateurs au même collège électoral en exigeant seulement des seconds des conditions d'éligibilité plus rigoureuses que pour les premiers. Cette unité de corps électoral nous explique que les deux réformes de l'électorat de la Chambre et du Sénat aient été menées de front par les revisionnistes et que dans toutes les propositions de revision les articles 53 et 58 sur l'organisation du Sénat et sur les conditions d'éligibilité des sénateurs se trouvent accouplés à l'article 47. Cette dernière disposition posait ainsi le principe de l'électorat politique dans le nouveau royaume :

ART. 47. — « *La Chambre des représentants se compose des députés élus directement par les citoyens payant le cens déterminé par la loi électorale, lequel ne peut excéder 100 florins d'impôts directs, ni être au dessous de 20 florins.* »

Avant de se séparer, le Congrès national compléta son œuvre en votant la loi électorale annoncée par le texte constitutionnel. L'assemblée reconnut la nécessité de faire une distinction entre les villes et les campagnes ; il est clair en effet que, toutes choses égales, les locations étant moins chères dans les campagnes que dans les villes, les électeurs ruraux auraient été sacrifiés si l'on avait exigé d'eux le paiement d'un impôt égal à celui des électeurs urbains. Les grandes villes furent traitées assez sévèrement par « *le tableau du cens des électeurs* » : à Bruxelles, à Gand, à Anvers, il fallait payer 80 florins pour être électeur, à Liège 70, à Louvain 60, à Mons et Courtray 50, etc. ; les villes de moindre importance furent assimilées aux campagnes.

Si nous comparons ce régime à celui de notre législation de l'époque, nous trouvons le corps électoral belge relativement accessible : 20 florins correspondent à 42 fr. 32, tandis que la Charte de 1830 exigeait uniformément de tous les électeurs français le paiement de 200 francs d'impôts directs. Mais le texte de l'article 47 appelle un autre commentaire. Il est à remarquer que la seule base du droit électoral reconnue par la Constitution est le cens. L'histoire politique de l'époque ne suffit pas à expliquer l'adoption d'un système aussi rigoureusement exclusif. Le Congrès national avait été élu par un collège électoral où les censitaires formaient sans doute la majorité, mais réservant cependant aux capacitaires une place importante. La commission chargée de préparer le texte de l'article 47 reçut mission d'établir « le mode d'élection le plus populaire possible » (1) et elle se contenta de spécifier que l'élection aurait lieu au suffrage direct, sans se prononcer sur les conditions à exiger des citoyens pour leur inscription sur les listes d'électeurs. Aujourd'hui du moins, ce point fort intéressant de l'histoire du droit de suffrage chez nos voisins, resté assez obscur dans les travaux préparatoires et dans les quelques séances de discussions publiques au Congrès national, sur l'article 47, est élucidé.

C'est sur la demande d'un homme politique aux tendances anticléricales que le texte de la

(1) Arrêté du gouvernement provisoire du 10 octobre 1830 (art. 2).

commission fut complété. La base de l'électorat fût constitutionalisée, pour employer un mot de notre terminologie parlementaire. La prépondérance, dans le pays, semblait devoir appartenir pendant longtemps aux catholiques, on voulut leur enlever la possibilité de modifier au gré de leurs intérêts la législation électorale : en fixant un maximum de cens, on s'assurait contre les visées d'une politique par trop antidémocratique ; en déterminant un minimum au dessous duquel le législateur de l'avenir ne pourrait descendre, on entendait exiger de la part des électeurs une garantie d'indépendance. L'adoption de la proposition de M. Defacqz eut pour résultat d'exclure radicalement de la loi électorale toute autre base du droit de suffrage, y compris la capacité.

Les conditions fixées par la loi de 1831 se trouvèrent aggravées dans la suite par quelques dispositions de détail. Une loi du 1er avril 1843 stipula que les centimes additionnels perçus au profit des provinces et des communes ne compteraient pas pour la formation du cens et que tout impôt autre que le foncier et la redevance des mines devrait être payé pendant les deux années antérieures à l'inscription. L'âge électoral était de 25 ans (Loi du 3 mars 1831, art. 5); la réduction à la majorité civile de 21 ans date de la loi du 30 mars 1870, sur laquelle nous aurons à revenir.

Cette législation, qui donnait à la Belgique environ 45.000 électeurs pour une population de 4 millions d'habitants, ne survécut pas aux événements dont Paris fut le théâtre en février 1848. La Chambre des représentants était, à cette époque, saisie d'un projet de loi relatif à l'extension du droit de suffrage, déposé par le premier ministère libéral que la Belgique ait connu. Le projet avait pour but la réduction du cens à 20 florins, mais « uniquement pour les citoyens appelés à exercer les fonctions de juré. » Ni le gouvernement, ni les représentants ne montraient de l'empressement à mettre la discussion à l'ordre du jour, lorsqu'éclata notre Révolution du 24 février. Dès le 28, un arrêté royal retirait le projet, auquel un nouveau fut substitué. L'article unique portait : « *Le cens électoral est fixé pour tout le royaume au minimum établi par la Constitution.* » Les sections furent convoquées pour le lendemain et quelques jours après la loi était promulguée, sans qu'un courant de résistance se soit manifesté ni à la Chambre des représentants, ni au Sénat.

Les statistiques officielles donnent au 31 décembre 1850 : 78.228 électeurs pour 4.426.202 habitants, soit 1.77 % de la population.

L'époque à laquelle la loi du 12 mars 1848 fut présentée, la façon dont elle fut discutée et votée prouve assez nettement que le gouvernement et les Chambres belges, en réduisant le cens à 20 florins sur tout le territoire, cédaient à la stupeur et aux inquiétudes du moment plutôt qu'à un mouvement de l'opinion nettement accusé. On peut s'en convaincre à la lecture des délibérations du Congrès libéral, qui s'était tenu à Bruxelles deux années auparavant ; il n'était rien sorti des discussions, le parti libéral n'avait pas d'orientation, il demandait, tout en craignant de trop obtenir. La situation nous apparaît sous un jour différent, prise dix-huit années plus tard, vers 1865-1866. La Belgique était alors travaillée par des associations politiques, qui prenaient leur mot d'ordre à Londres, au siège social de « l'*Internationale* », de fondation récente. Les émissaires venus de l'autre côté du détroit parlaient dans les réunions publiques de la généralisation du droit de vote, du suffrage universel : c'était là un moyen. Les discours tenus au congrès de Liège en novembre 1865 et au meeting de la Tête d'Or à Bruxelles ne nous laissent aucun doute sur le but effectivement poursuivi : la transformation complète du régime social et l'établissement d'un collectivisme. Il faut reconnaître que les associations ouvrières firent preuve d'un grand sang-froid ; elles restèrent sourdes aux exagérations du langage que les orateurs socialistes leur tenaient. Il nous semble que le manifeste des ouvriers de la fin de décembre 1865 a puisé son inspiration à une autre source. A côté de l'agitation socialiste et extralégale, des esprits jeunes et ardents menaient une campagne de presse en faveur de l'établissement du suffrage universel par les voies légales. Ils s'attachaient à combattre cette idée que l'œuvre de 1831 était définitive : « Rêver des Constitutions immuables, écrivait-on, c'est faire un rêve impossible et nier le progrès ; elles ne sauraient échapper à la loi de la transformation. » (*La Liberté* du 25 juin 1865). L'obstacle à l'extension du droit de suffrage était dénoncé par MM. Janson, Graux, Edmond Picard ; c'est l'article 47 de la Constitution qu'il convenait tout d'abord de modifier. Quelques lignes du manifeste des ouvriers, élaboré au siège central des associations, montreront, mieux que nous ne pourrions le dire, combien les revendications ouvrières étaient raisonnées et sincères :

La bourgeoisie ne peut comprendre ce qu'il faut à l'ouvrier ; nous voulons avoir le droit de nommer nos représentants, nous ne voulons plus être en tutelle, nous voulons des électeurs ouvriers pour que l'on pense à nous. Ce que nous voulons avant tout, c'est l'abolition du cens.... En acceptant la restriction de la lecture et de l'écriture nous voulons donner un gage de modération à ceux qui ne veulent voir en nous que des esprits sans mesure (1).

Il y a quelque prétention, sinon quelque danger, on en conviendra, à tenter une appréciation sur des événements qui se sont passés à trente années de distance, dans un pays étranger; aussi sans vouloir trop nous attacher à rechercher les origines du mouvement revisionniste de 1865, et à définir la direction qui lui fut donnée, nous estimons qu'il suffit à notre thèse de l'avoir reconnu, constaté d'une façon indéniable. D'ailleurs, à la Chambre des représentants, on commençait à parler de la question. Dès 1864, M. Deschamps avait donné lecture d'un programme où il réclamait l'abaissement modéré du cens pour les élections com-

(1) Manifeste des ouvriers; supplément à *La Liberté* du 28 janvier 1866.

munales et provinciales. L'année suivante, M. Guillery saisit la Chambre d'une proposition tendant à l'abaissement du cens à 10 fr. pour les électeurs provinciaux et communaux, sachant lire et écrire. Cette proposition est intéressante à noter à divers titres; elle eut les honneurs de la discussion et elle amena le gouvernement à déposer un projet qui aboutit au prix des efforts réitérés de l'opposition. La proposition Guillery nous montre sous quel aspect, dès le début, l'idée de la réforme électorale a été présentée aux Chambres : les partisans de l'extension du droit de suffrage ont demandé l'élargissement du corps électoral pour les élections aux conseils provinciaux et communaux avant de le demander pour les élections aux assemblées politiques. Nous avons déjà dit que l'électorat aux conseils locaux n'était pas régi, même quant à son principe, par les textes constitutionnels; mais en dehors de la raison de procédure parlementaire, plus simple dans un cas que dans l'autre, on reconnaîtra qu'en Belgique où le régime représentatif et censitaire se combine avec les prérogatives attachées à la couronne d'un roi constitutionnel, la distinction des électeurs en trois classes, la première relativement restreinte, les deux autres facilement accessibles, n'avait rien de contraire au pacte fondamental de l'Etat belge ; elle pouvait en outre se soutenir en théorie par d'excellentes raisons. La proposition de M. Guillery, enfin, avait une autre portée : elle faisait souvenir du décret de convocation au Congrès national de 1830 ; le gouvernement provisoire s'était montré moins rigoureux que l'Assemblée, puisqu'il avait appelé aux urnes des électeurs capacitaires à côté de censitaires. La tradition se trouvait renouée et la voie ainsi tracée aux hommes politiques qui tenaient malgré tout pour le principe du cens, se présentait à leurs yeux avec les apparences séduisantes d'un dérivatif et avec la recommandation de ceux qui avaient guidé les premiers pas de la Belgique, une fois maîtresse de ses destinées.

Le gouvernement s'inspira visiblement de la pensée de M. Guillery, sans aller jusqu'au savoir lire et écrire pur et simple. L'élément principal de son projet de réforme électorale (1) consistait à donner le droit de vote pour la province et la commune à ceux qui payaient la moitié du cens, à la condition d'avoir suivi pendant trois ans au moins un cours d'enseignement moyen. Si nous en croyons quelques chroniqueurs politiques belges, auxquels nous laissons toute la responsabilité de l'appréciation, le dépôt de ce projet après le retentissement qu'avait eu le manifeste des ouvriers, au lendemain de l'avènement d'un nouveau souverain, produisit une vive déception. Mais l'agitation avait duré seize mois, elle cessa. L'opinion publique ne prêta pas d'attention à la discussion des projets de réforme. A peine cette discussion était-elle commencée, que la Chambre déclarait l'urgence sur une proposi-

(1) Projet ministériel. *Annales parlementaires*, 1865-66, p. 249.

tion concernant l'assainissement de la rivière la Senne (5 mars 1866); elle attendit deux années avant de remettre la discussion à son ordre du jour. Le projet, voté par la Chambre, ne fut porté au Sénat que deux années plus tard; enfin, la promulgation eut lieu le 30 mars 1870.

Une œuvre législative, aussi péniblement élaborée, aurait mérité de durer au moins quelques années; la loi du 30 mars 1870 ne fut pas même appliquée. Les élections du mois de juin 1870 donnèrent la majorité aux catholiques; dès la rentrée des Chambres, le nouveau ministère, présidé par M. d'Anethan, déposait un projet réduisant le cens à 20 francs, pour les élections aux conseils provinciaux, et à 10 francs, pour les conseils communaux. La loi porte la date du 12 juin 1871; elle établissait ainsi la distinction des électeurs belges en trois catégories.

C'est au cours de la discussion de cette loi, concernant exclusivement l'électorat aux assemblées locales, que fut présentée la première proposition de revision de la Constitution. La proposition de M. Demeure s'appliquait à l'article 47 sur l'électorat politique, et aux articles 53 et 56, ayant trait à la composition du Sénat et à l'éligibilité des sénateurs. La prise en considération fut combattue, au nom des catholiques, par MM. Malou et Dumortier, et au nom des libéraux doctrinaires, par M. Primez. Au scrutin, on compta 73 voix contre le projet et 23 votes favorables, dont 3 étaient émis par des catholiques.

La question de la revision fut de nouveau soumise à la Chambre des représentants en juillet 1883. Une manifestation populaire eut lieu pendant le cours des débats ; mais la promenade des masses dans Bruxelles, la remise d'une pétition au président de la Chambre et d'une adresse de félicitations à M. Janson, qui avait développé la proposition à la tribune (soit dit par métaphore, puisqu'il est d'usage de parler de sa place à la Chambre belge, la tribune n'étant guère utilisée que pour le dépôt des projets), loin d'influencer favorablement les esprits, contribuèrent à l'échec complet, que la majorité infligea aux orateurs de la gauche avancée. La prise en considération ne recueillit que 11 suffrages ; catholiques et doctrinaires s'étaient retrouvés d'accord pour la combattre. Le pouvoir, à cette époque, était aux mains des libéraux. M. Frère-Orban, premier ministre d'alors, contribua, par son intervention dans le débat, à faire rejeter la proposition. Mais le succès obtenu lui imposait l'obligation de donner à la fraction avancée de sa majorité un gage de ses bonnes dispositions pour l'avenir. Le cabinet ne faillit pas à la tâche. Il présenta un projet de loi sur l'enseignement primaire obligatoire, et il fit voter la loi du 25 août 1883, qui créait pour les élections aux conseils locaux, la classe des électeurs capacitaires à côté de celle des censitaires. Il suffisait, pour voter comme capacitaire, d'avoir subi un examen d'enseignement élémentaire. Les événements politiques ne permirent pas au cabinet Frère-Orban de poursuivre ses vues sur la réforme électorale.

Entre les années 1883 et 1890 se place encore une proposition de revision des articles de la Constitution relatifs à l'électorat des assemblées législatives, mais il est nécessaire d'indiquer la situation politique dans laquelle on se trouvait à l'époque où elle fut présentée. Les élections de juin 1884 furent un grand triomphe pour le parti catholique, M. Frère-Orban dut céder la place à son vieil adversaire politique M. Malou. Le ministère s'engagea dans une politique de réaction à outrance. Les lois de 1879, sur l'enseignement, imposaient aux communes l'obligation d'entretenir une école sans caractère professionnel, l'instituteur ne donnait pas l'enseignement religieux, mais le prêtre avait accès dans les bâtiments de l'école. A peine arrivé aux affaires, le cabinet provoqua un bouleversement dans le pays en faisant voter une loi qui permettait aux communes

« d'adopter » une école privée, nous devons lire congréganiste. Plus de 2.200 écoles communales furent fermées, 43.000 élèves se trouvèrent sans maîtres. Pendant les années qui suivirent, des grèves éclatèrent sur les différents points du territoire ; grâce à la force armée, le ministère catholique, présidé déjà à cette époque par M. Beernaert, maintenait l'ordre, mais les procès eurent un écho, qui retentit dans toute la Belgique. L'agitation était croissante. Le moment parut favorable aux libéraux, pour engager la lutte contre le ministère. Fort des résolutions votées au Congrès de Bruxelles quelques jours auparavant, le 14 juillet 1887, M. Janson proposa à la Chambre la revision de l'article 47. La coalition comprenait non seulement les socialistes et les libéraux avancés, mais encore les doctrinaires. On put en juger au scrutin. La prise en considération fut repoussée par 83 voix catholiques, contre 33 voix libérales et 2 voix catholiques. Toute la gauche était ralliée à l'idée de la revision.

L'assaut des forces libérales, que comptait le Parlement, n'avait pas réussi à vaincre la résistance du ministère. Désormais, c'est en dehors de l'enceinte de la Chambre que la lutte se continuera. Pendant les années qui suivirent le rejet de la proposition de 1887, socialistes et libéraux avancés unirent leurs moyens d'action afin d'étendre l'agitation revisionniste. Nous sommes à l'époque des grandes manifestations, dont nous avons le souvenir encore présent à l'esprit : les revisionnistes organisaient des défilés en masse à travers les rues de Bruxelles, pour aller remettre au Président de la Chambre une pétition en faveur du suffrage universel ; des cartels sur lesquels on lisait ces mots : « augmentation des salaires, journée de huit heures, réforme électorale » jetaient la note pittoresque dans le cortège. En septembre 1890, le Conseil général du parti ouvrier convoqua un congrès à Bruxelles ; on discuta sur les moyens d'arriver à la mise en application des doctrines socialistes. Il fallait, en premier lieu, obtenir le suffrage universel et, pour faire céder la majorité de la Chambre, décréter la grève générale au moment jugé le plus opportun par les chefs du parti.

A l'ouverture de la session législative, M. Janson, député de Bruxelles, renouvela sa proposition de revision des art. 47, 53 et 56 de la Constitution. L'orateur exposa les revendications de la classe ouvrière, il la montra justement jalouse de posséder le droit de vote. La Belgique, disait-il, compte 6 millions d'habitants dont 1.700.000 mâles majeurs ; sur ce nombre, il n'y a que 133.000 électeurs. On peut s'étonner que le droit de suffrage soit si parcimonieusement distribué dans un pays où l'apprentissage des libertés publiques n'est pas à faire. Le droit de coalition a été reconnu par le législateur : aussi, qu'on y prenne garde, sans avoir recours à des procédés violents ou révolutionnaires, les ouvriers pourraient être amenés à voter la grève générale pour obtenir ce qu'ils désirent si ardemment. Et après cette menace discrètement dessinée, M. Janson continuait en affirmant que l'indépendance de la nation est intimement liée à la question de la réforme électorale. Il faut qu'on puisse s'appuyer sur les suffrages et les manifestations populaires, si le territoire était menacé ; il faut rendre le pays plus cher aux habitants en augmentant la somme de leur bien-être et de leurs libertés.

La réponse du gouvernement ne se fit pas attendre. A la surprise générale — c'est M. Frère-Orban qui nous le dit, — M. Beernaert, ministre des finances, se déclara favorable à la prise en considération. La discussion ne pouvait être longue ; elle dura deux heures à peine, juste assez pour permettre aux deux chefs de partis d'échanger quelques épigrammes. M. Frère-Orban reprocha au Gouvernement de n'accepter la prise en considération que par calcul, dans le but, mal dissimulé, de faire échouer la revision, après quelques semaines de discussion. Et M. Beernaert de répondre à son adversaire politique : « Entre lui et moi il y a cette différence que naguère chef de la majorité, M. Frère-Orban faisait rejeter une proposition émanant des membres de la gauche, tandis que je convie mes collègues de la droite à voter la prise en considération d'une proposition qui émane des membres de l'opposition. » La prise en considération fut votée à l'unanimité des 118 membres présents.

II

ELECTORAT POLITIQUE

Ainsi, cette même Chambre, composée en majorité de catholiques, qui, en 1887, avait refusé de suivre M. Janson dans la voie de la revision constitutionnelle, se prononçait, en novembre 1890, à l'unanimité, en faveur de sa proposition. Assurément, le mouvement revisionniste s'était étendu dans le pays, faisant de jour en jour un plus grand nombre d'adeptes, mais il est hors de doute que libéraux et catholiques ne se seraient pas trouvés tous d'accord pour voter la prise en considération si le gouvernement n'avait pas prêté à la proposition l'appui de son autorité. On savait que les libéraux étaient divisés sur le régime nouveau à substituer au régime censitaire de l'article 47, personne n'ignorait que les tendances de M. Janson n'étaient partagées ni par M. Frère-Orban, ni par M. Graux ; mais la majorité, elle aussi, était divisée sur la question. Un court historique des propositions de revision nous a permis de constater que, dès 1870, il se trouvait parmi les catholiques des partisans résolus de la revision ; en 1890, ils étaient au nombre de quatre ou cinq à la Chambre des représentants, qui avaient reçu mission de leurs électeurs cléricaux d'Anvers de réclamer le suffrage universel. Quelques autres membres de la majorité se montraient disposés à consentir à un abaissement du cens afin d'élargir le corps électoral, mais M. Wœste se faisait le porte-parole du groupe le plus important de son parti quand il déclara, le 26 novembre 1890, que tout en mettant en discussion le droit de suffrage, il n'entendait pas sortir des limites constitutionnelles. L'article 47 était cependant trop précis, pour donner place à une méprise :

on ne pouvait songer à abaisser le cens au-dessous de 20 francs ou adopter le régime de l'électorat local des lois de 1871 et de 1883, sans toucher au texte constitutionnel. Si nous avions à formuler une appréciation sur le vote du 26 novembre 1890, nous serions amenés à dire que, pas plus sur les bancs du gouvernement que sur ceux de la majorité, à part quelques rares esprits, personne ne s'est rendu exactement compte de la portée du scrutin et des conséquences futures de l'adoption de la prise en considération. Les gauches triomphaient, c'était un premier succès pour elles, un premier pas fait dans la voie de la revision : leur rôle de minorité opposante leur recommandait de ne pas formuler, pour le moment, d'autres exigences. La majorité aurait dû se montrer plus clairvoyante et songer au mot de Cromwell, rappelé par l'un des siens, trois années plus tard : « On ne va jamais aussi loin, que quand on ne sait pas où l'on va. »

De ce défaut d'horizon sont nées les divergences d'appréciations sur la pensée du ministère, au moment où il convia la majorité catholique à voter la prise en considération. Voulait-il provoquer le grand débat impatiemment attendu par les hommes de tous les partis politiques, laisser s'étaler au grand jour les divisions des libéraux et, après quelques semaines de discussions, en présence des dissentiments de plus en plus accusés chez ses adversaires, entendait-il clore purement et simplement le débat et mettre ensuite un terme à l'agitation revisionniste dans le pays au moyen d'une action administrative plus constante et plus ferme que par le passé ? Tel est le reproche, que M. Frère-Orban laissa tomber de la tribune en 1890 ; nous ne pouvons nous associer à cette interprétation du député de Liège. Le ministère Beernaert voulait-il, au contraire, prendre, en face du mouvement revisionniste, l'attitude qui convenait à un gouvernement soutenu par une majorité compacte et confiant dans l'avenir ? S'était-il rendu compte des désirs sincères et non équivoques de la population belge, et après avoir reconnu que les propositions de revision correspondaient à un sentiment réel, manifesté par le pays en faveur de l'extension du droit de suffrage, se proposait-il de dérouter ses adversaires par une politique résolue et persistante et de conduire sa majorité au but, c'est-à-dire au vote d'un texte nouveau sur l'électorat, moins exclusif dans son principe que l'article 47 et qui, dans son application, aurait donné à la Belgique un corps électoral infiniment plus étendu. Le ministre des finances, bien secondé par M. de Burlet, ministre de l'intérieur et de l'instruction publique, n'était pas au-dessous de cette tâche, si lourde qu'elle paraisse : l'habileté de tacticien parlementaire, dont il a fait preuve au cours de la procédure revisionniste, durant trois années, le talent oratoire qu'il a déployé en maintes circonstances, son activité, ses qualités enfin d'homme résolu et de sang-froid se portent garant de notre opinion.

L'histoire des trois années de la réforme électorale ne nous permet pas de croire que le ministère eut un programme aussi nettement tracé devant les yeux, quand il fit entendre sa voix, dans la discussion du mois de novembre 1890.

M. Beernaert s'est attaché dans ses communications, dans ses discours, dans sa ligne de conduite politique, à faire prévaloir certaines idées, qui lui paraissaient de sûrs garants de l'avenir de son pays. A aucune époque, nous ne le voyons incliner vers le suffrage universel pur et simple, tel que nous le connaissons, tel que M. Janson le proposa en 1893. Le ministre des finances resta toujours d'accord avec la majorité conservatrice sur la conception générale du régime électoral ; il entendait augmenter le nombre des électeurs dans une large proportion ou différencier les votes. M. Beernaert était partisan de l'inscription dans la Constitution du principe dè l'obligation du vote. Il lutta, pendant des mois, pour l'établissement du referendum royal et populaire en Belgique. Les esprits sont encore pleins d'un souvenir de l'histoire politique assez récent : Les lois scolaires du ministère libéral de M. Frère-Orban n'ont été votées qu'à une voix de majorité, celle d'un député d'Anvers qui lui-même n'avait été élu qu'à une voix de majorité, sur son concurrent. Le referendum, vanté, paraît-il, dans les écrits d'un Belge, alpiniste distingué, qui l'avait vu pratiquer dans les cantons suisses, sembla une institution bonne à importer dans les Pays-Bas. Le ministre des finances s'attacha longtemps au referendum pour éviter le retour d'événements analogues à ceux de 1879, et il n'abandonna son projet qu'en présence des résistances très vives qu'il souleva dans le Parlement. D'autres idées, en faveur chez nos voisins, trouvaient un défenseur résolu dans la personne de M. Beernaert. Le chef du cabinet songeait à réorganiser le Sénat sur une base entièrement nouvelle ; enfin, il voyait dans la représentation des minorités ou des intérêts la garantie la plus sérieuse contre les tendances envahissantes d'une Chambre issue d'un corps électoral élargi. Les deux partis politiques étaient également hostiles à l'innovation, ils craignaient l'un et l'autre pour la division à l'infini de l'assemblée en groupes et en sous-groupes. Le droit de tout citoyen est de prendre part au vote, pour l'élection de ceux qui sont appelés à faire la loi et à imprimer au gouvernement son orientation, mais là s'arrête le droit de l'électeur ; une fois la Chambre constituée, les minorités d'une circonscription sont représentées par les hommes de leur opinion, qui l'auront emporté dans d'autres ; une assemblée politique ne peut être une réduction du corps électoral, sinon l'on s'expose à une paralysie complète de l'action législative et gouvernementale. A ces considérations théoriques, depuis longtemps invoquées à l'encontre d'un régime électoral fondé sur la représentation proportionnelle des minorités, s'en ajoute une autre d'un ordre tout différent, qui incitera toujours les députés d'un pays quelconque à repousser l'innovation proposée par le ministère belge. C'est le sentiment de la conservation du mandat législatif. Pour la moitié des représentants et des sénateurs, l'adoption du système de la représentation proportionnelle (de la R. P. comme on écrit en Belgique), devait se traduire par la nécessité de faire place aux adversaires politiques, et on n'apprécie généralement une pareille abnégation que lorsqu'on la réclame des autres. M. Beernaert n'ignorait rien de tout cela. La réforme était difficile à réaliser par la voie de la revision constitutionnelle : le chef du cabinet s'efforça d'obtenir la suppression du texte fondamental sur l'organisation politique du pays, de tous les mots pouvant prêter à équivoque. Ses adversaires n'auraient pas manqué de les lui opposer, au moment de la discussion de la loi électorale. Les Chambres constituantes se montrèrent assez complaisantes jusqu'à la promulgation des nouveaux articles de la Constitution, mais quand le ministère manifesta l'intention de poursuivre la réforme par les voies législatives ordinaires, les sections le mirent en échec. Cet événement politique est de date très récente : le vote des sections suivi de la démission du cabinet, de sa reconstitution sous la présidence de M. de Burlet, enfin du retrait du projet de loi sur la représentation proportionnelle, sont les preuves les plus manifestes de l'aversion profonde que l'innovation proposée inspira aux Chambres législatives de la Belgique.

Tel est l'ensemble des idées que M. Beernaert s'est efforcé de faire prévaloir pendant les trois années de durée de la revision constitutionnelle. Il s'en faut de beaucoup qu'elles aient été consacrées par les Chambres constituantes, sous la forme d'une modification apportée au texte du pacte fondamental de la Belgique. M. Frère-Orban critique vivement la conduite du gouvernement dans l'affaire de la revision, il reproche à M. Beernaert son attitude et il le rend responsable de l'adoption du suffrage universel contre le gré de la majorité des membres des deux Chambres (1). D'après le chef du parti libéral modéré, il aurait fallu, dès le début de la procédure revisionniste, élaborer un projet de loi, le soumettre aux Chambres, revêtu de la signature royale et sous la responsabilité collective du cabinet. Au lieu de cela, le ministre des finances a attendu jusqu'à la fin du mois de décembre 1892 pour présenter des propositions qui n'engageaient même que sa responsabilité personnelle ; à cette époque, il était trop tard pour reprendre la direction de l'opinion publique et le ministère s'est trouvé amené à subir la pression d'événements du dehors que l'on aurait pu éviter avec un peu plus de résolution et de prévoyance. L'attitude du chef du cabinet, dans cette question particulièrement grave pour les destinées de la Belgique, paraîtra

(1) Frère-Orban. *La revision constitutionnelle*, p. 8 à 10.

trop discrète, indécise et changeante à beaucoup de personnes. Six ou huit mois à peine nous séparent de l'époque de la clôture des discussions de revision : un jugement sur la politique du ministère belge, d'où qu'il vienne, sera suspecté, sinon comme empreint de partialité, du moins comme prématuré. A nos yeux, deux considérations expliquent l'attitude à laquelle le ministre des finances s'est astreint, pendant la durée des travaux de la revision. C'est d'abord l'aversion non dissimulée de la majorité catholique à l'endroit de l'œuvre entreprise ; les véritables sentiments de ce parti politique, contenus le 26 novembre 1890, éclatèrent au grand jour dès les premières discussions en Commissions. La majorité a dû se faire violence en votant la prise en considération. Ne pouvait-on pas craindre que, dans un jour de mauvaises dispositions à l'égard du gouvernement, le parti catholique ne renversât le ministère Beernaert pour appeler au pouvoir un cabinet d'extrême-droite résolûment disposé à lutter contre les idées revisionnistes ? L'article 131 de la Constitution, — c'est le second argument que nous voulions indiquer, — exigeant une majorité des deux tiers pour le vote des nouveaux textes constitutionnels, des concessions réciproques devaient être obtenues des divers groupes composant les Chambres. N'était-ce pas mal préparer un accord, entre les hommes politiques, que de présenter un projet de loi que les uns se seraient cru obligés de défendre et les autres de critiquer uniquement parce qu'il émanait du gouvernement ? M. Beernaert s'est rendu compte de la nécessité absolue de mettre un terme à l'agitation revisionniste en provoquant un grand débat parlementaire et en amenant, si c'était possible, l'élargissement du corps électoral par les voies légales ; en novembre 1890, il a su obtenir de la droite un premier vote favorable et après lequel il était difficile, pour ne pas dire impossible, de faire machine en arrière. Ce sont là, pour le chef du cabinet, démissionnaire, il y a quelques jours, deux sérieux titres à la reconnaissance de ses concitoyens et de son Roi. Nous n'hésiterions pas, quant à nous, à les lui décerner.

Conformément au règlement de la Chambre, la proposition Janson fut renvoyée aux sections ; — nous dirions en France aux bureaux, car la répartition des députés belges entre les six sections est faite périodiquement par la voie du tirage au sort. — Ce qui était prévu ne manqua pas de se produire. Des deux côtés, de droite et de gauche, dès le début, on prit une attitude obstinée et irréductible. La gauche disait à la droite : vous êtes la majorité, vous avez voté la prise en considération, cela ne suffit pas, il vous appartient maintenant de faire la revision, en vous mettant d'accord sur le régime nouveau à substituer à l'art. 47. Et la droite de répondre aux libéraux : nous n'avons consenti à la prise en considération, que pour vous permettre d'exposer vos vues, nous entendons discuter vos projets, mais encore faut-il que vous les présentiez. « A vous, Messieurs les Anglais, tirez les premiers, » tel est le langage que l'on entendit pendant des mois au Parlement belge. La conséquence fut le rejet de la proposition dans les sections. On compta 51 voix contre, 36 pour et 17 abstentions.

Ce vote produisit une pénible impression dans le pays, on s'attendait à quelque chose de nouveau, l'espoir se trouvait-il donc déjà déçu ? Non. Le rejet de la proposition dans les sections ne fut considéré comme définitif par personne; tous les représentants se sont rendus compte assez vite, de la situation parlementaire et du désir des populations. Un grand débat public sur le fond était devenu nécessaire; l'heure avait sonné.

La section centrale — c'est une commission d'étude composée des rapporteurs de la proposition dans les différentes sections, qui ne se retrouve pas dans les Chambres françaises, — la section centrale, dis-je, saisie à son tour de la proposition Janson, ne se méprit pas sur la pensée commune du gouvernement, des représentants et du corps électoral. Dès sa première réunion, elle fit présager de ses intentions et de son œuvre. Le 27 février 1891, elle déclarait à l'unanimité qu'il était indispensable qu'un accord s'établît sur le principe du système électoral à substituer au régime existant, avant de statuer sur la proposition de revision. Le gouvernement fut invité à faire connaître ses vues. M. Beernaert répondit par une note. Ce n'était pas un projet de loi, mais l'exposé des préférences du ministère. Le droit électoral serait acquis à 25 ans, et il aurait pour fondement soit l'occupation d'une maison ou d'un immeuble, d'une certaine valeur, à titre de propriétaire ou d'usufruitier, soit la capacité constatée par un diplôme universitaire. Le gouvernement indiquait, en même temps, qu'il faudrait profiter de la revision de la Constitution pour apporter au texte certaines modifications d'ordre secondaire : il signalait, notamment, une nouvelle organisation du Sénat, la représentation des minorités, le referendum, l'acquisition des colonies, le mariage des princes.

Les chefs socialistes trouvaient que la section centrale discutait la proposition Janson avec trop de lenteur. Ils décrétèrent le chômage pour le 1er mai 1891; le lendemain, la grève éclata dans les centres miniers. Une manifestation générale s'organisait à Bruxelles pour le 20, mais la section rendit ce déploiement des forces socialistes inutile en clôturant ses travaux par le vote des conclusions suivantes :

« La section centrale admet à l'unanimité le principe de la revision. La majorité estime que cette revision doit être subordonnée aux conditions qui se trouvent exprimées dans diverses résolutions votées par la section.

« Il y a donc lieu d'après celle-ci d'ajourner la discussion et le vote sur la proposition de revision jusqu'après un débat parlementaire constatant un accord suffisant sur la formule constitutionnelle nouvelle, notamment en ce qui concerne les bases de l'électorat. Dans l'opinion de la section, ce débat devait se produire à l'occasion d'un projet de réforme électorale sur le terrain communal et provincial que présenterait le Gouvernement. »

Le dernier paragraphe des conclusions du rapport de la section centrale fut inséré à la demande de M. Frère-Orban. Le chef du parti libéral modéré saisissait l'occasion d'affirmer, dans un document public, ses préférences bien connues pour un régime électoral fondé uniquement sur la capacité; on se souvient qu'un des actes les plus importants de son administration avait été de faire voter la loi de 1883, qui créait, pour les élections communales et provinciales, la classe des électeurs capacitaires, et nous verrons bientôt l'ancien premier ministre s'attacher, pendant toute la discussion de l'article 47, à cette idée qui lui était particulièrement chère, de l'extension à l'électorat politique de la législation applicable jusqu'alors aux élections locales. Assurément, M. Frère-Orban comptait, au moyen de cette manœuvre parlementaire, amener le gouvernement à présenter un projet de loi conforme à ses vues. Mais M. Beernaert s'était prononcé pour un système fondé à la fois sur la capacité et sur l'occupation ; il lui répugnait de céder à une injonction. La majorité catholique aurait vu là un abandon, une défection de sa part. Nous devons d'ailleurs reconnaître qu'au point de vue théorique seul, telle base du droit électoral, reconnue bonne pour la nomination des membres composant les assemblées locales, pouvait prêter à de sérieuses critiques si on l'étendait à l'élection des sénateurs ou des représentants ; après avoir groupé une majorité pour voter le premier projet, le cabinet ne pouvait se flatter de retrouver cette majorité pour voter le second, même au prix de la parole due à des engagements acceptés. Le ministre des finances fit la sourde oreille, il attendit patiemment que la discussion sortît du cadre étroit et plus ou moins obscur, dans lequel elle se traîna pendant des mois, pour devenir enfin publique et véritablement nationale. Nous croyons que M. Beernaert fit preuve en cela de grand sens politique. La présentation d'un projet conforme aux tendancès de M. Frère-Orban pouvait jeter la perturbation dans les rangs de la majorité, sans compter que l'échec certain du projet à la Chambre aurait fatalement provoqué des désordres dans le pays.

A l'ouverture de la session ordinaire de 1891-92, après un discours dans lequel le Président de la Chambre, M. de Lantsheere saluait la nouvelle année politique comme devant être celle de la revision de la Constitution, M. Beernaert donna lecture d'une déclaration signée du Roi et de tous les Ministres ; le gouvernement se déclarait favorable à la revision, il indiquait même les articles qu'à son point de vue il importait de modifier. A vrai dire, ce document ne contenait rien que l'on ne sût déjà dans les milieux politiques ; sa publication n'en eut pas moins un grand retentissement dans le pays. On y vit, de la part du Roi, l'affirmation publique, officielle, de sentiments, — peut-être contenus, — dont l'annonce servirait d'encouragement à la majorité de la Chambre ; de la part du ministère, c'était un gage d'une direction politique moins discrète, moins contemplative que dans le passé.

Le 2 février 1892, la Chambre commença l'examen des diverses propositions de revision. On sait que la proposition de M. Janson avait trait aux articles 47, 53 et 56 sur l'électorat politique, sur la composition du Sénat et l'éligibilité des sénateurs. Le ministère proposa de comprendre, en outre, dans la déclaration de revision, les dispositions suivantes de la Constitution : l'article 1, sur la division de la Belgique en provinces, l'article 52, concernant l'indemnité allouée aux représentants, l'article 34, sur la vérification des pouvoirs des membres des deux Chambres, l'article 48, qui a trait à la formation des collèges électoraux et à la détermination des centres de population où se reçoivent les votes, l'article 54, sur le nombre des sénateurs, l'article 58, pour conférer la qualité de sénateur à l'âge de 18 ans à tous les fils du Roi et à leur défaut aux princes belges de la branche de la famille royale appelés à régner, les articles 60 et 61 sur les pouvoirs constitutionnels du Roi et sur le mariage des princes, enfin l'article 67, sur le pouvoir réglementaire du Roi.

L'opinion de la Chambre était désormais faite sur les articles compris dans la proposition Janson et sur la plupart des articles visés par le gouvernement, qui ne comportaient, du reste, que des modifications de détail sans grande portée politique. L'article 1 de la Constitution fut modifié sur deux points. Suivant le désir exprimé par le cabinet, on supprima les mots « *sauf les relations du Luxembourg avec la Confédération germanique.* » Cette réserve n'avait plus de raison d'être maintenue depuis que le traité des XXIV articles (19 avril 1839), rectifiant les limites du royaume de Belgique, avait enlevé à ce pays la forteresse de Luxembourg et la plus grande partie du duché, pour dégager ainsi le surplus du territoire annexé de ses relations avec l'Allemagne.

Les Chambres constituantes eurent à se prononcer sur la question de principe du droit de légiférer sur les colonies ; elles n'ont posé dans l'acte fondamental du pays aucune réserve, elles n'ont garanti, par avance, aucun droit aux populations qui, un jour ou l'autre, pourront être soumises à la domination de la couronne de Belgique : les colonies seront régies par des lois spéciales.

La discussion, au sein des anciennes Chambres, fut plus longue sur les articles 34 et 48. Le ministère aurait voulu remettre aux cours d'appel la vérification des pouvoirs des membres des deux Chambres. Les représentants refusèrent de se laisser déposséder, et l'article 38 ne fut pas revisé. L'article 48 ancien était ainsi conçu :

ART. 48. — « *Les élections se font par telles divisions de province et dans tels lieux que la loi détermine.* »

Le gouvernement voyait dans ces mots « *telles divisions de province* » un obstacle possible à l'introduction dans la législation électorale de la représentation des minorités ou des intérêts. En cette circonstance, la Chambre témoigna de son peu de tendresse pour l'innovation projetée ; par 68 voix contre 55, elle déclara qu'il n'y avait pas lieu à revision. La discussion recommença le 20 mai après un vote du Sénat favorable aux vues du gouvernement ; la question de confiance fut posée et cette fois, du moins, M. Beernaert obtint gain de cause.

Sur la demande d'un de ses membres, la Chambre comprit dans la déclaration de revision l'article 36 qui soumettait à la réélection les représentants ou les sénateurs nommés ministres.

Le Sénat proposa l'addition des articles 27 et 57. La Chambre s'associa pour partie aux votes émis dans l'autre assemblée législative, en consentant à reviser l'article 57 qui refusait tout traitement ou indemnité aux sénateurs, mais elle déclara à l'unanimité que l'article 27, relatif au droit d'initiative en matière législlative, devait être en tous points maintenu.

Nous aurions à nous étendre longuement sur la proposition qui fut faite par le gouvernement de reviser l'article 26, relatif à l'exercice collectif du pouvoir législatif par le Roi et les deux Chambres, en vue d'introduire dans la Constitution le referendum royal, si le ministère, après avoir insisté vivement pour obtenir la déclaration de revision et après l'avoir obtenue, n'avait abandonné son idée en présence de l'opposition qui s'était manifestée dans les Chambres et aussi par une plus saine appréciation des dangers que l'innovation projetée pouvait faire courir à la royauté. La déclaration de revision n'avait recueilli que 78 voix contre 50, car les deux abstentions constatées provenaient de deux opposants. La droite et la gauche étaient partagées sur la question ; tandis que MM. Woeste et Graux combattaient la proposition, MM. Nothomb, Lantsheere et Janson se déclaraient favorables à la proposition du gouvernement.

Une fois l'accord établi entre la Chambre des

représentants et le Sénat, sur la liste des articles à comprendre dans le travail de revision, les deux assemblées législatives furent dissoutes, conformément à l'article 131 de la Constitution (23 mai 1892). Les élections eurent lieu les 14 et 21 juin ; catholiques et libéraux conservèrent leurs forces respectives dans les nouvelles Chambres, les conservateurs avec 93 sièges et les libéraux de toutes nuances avec 59. Au Sénat les voix se répartirent ainsi : 49 catholiques contre 30 libéraux. La question de l'introduction du suffrage universel fut discutée dans tous les collèges électoraux ; aussi a-t-on pu dire que les résultats du scrutin furent la démonstration non équivoque de l'hostilité du « *pays légal* » à l'égard de cette réforme. Les partisans du suffrage universel ne passèrent guère que dans la capitale et encore leur fallut-il pour cela composer avec leurs adversaires, les doctrinaires, en consentant à ce que l'on a appelé, au cours des polémiques de l'époque, *le pacte de Bruxelles.*

*
* *

Les nouvelles Chambres se réunirent en session extraordinaire le 12 juillet 1893. La session fut entièrement consacrée à la discussion d'une motion présentée par le ministre des finances, afin d'obtenir des Chambres l'addition à leurs règlements d'un chapitre nouveau, en vue du travail spécial auquel elles devaient se livrer. M. Beernaert proposa de nommer, au scrutin de liste, dans chacune des Chambres, une commission composée de 20 membres, auxquels s'adjoindraient les présidents respectifs des deux assemblées législatives. Les partis politiques en présence entreraient à la commission, d'après leur force numérique : on était d'accord pour donner douze sièges à la majorité catholique et huit à la minorité libérale. Les deux commissions devaient travailler, de concert avec le gouvernement, à la rédaction de propositions destinées à être soumises aux deux Assemblées investies du pouvoir constituant.

La discussion fut une nouvelle occasion, pour M. Frère-Orban, d'attaquer la politique du ministère dans l'affaire de la revision. La proposition, d'après l'orateur du parti doctrinaire, avait pour but de dégager le gouvernement de ses devoirs et de sa responsabilité ; son devoir en cette matière, comme en toutes autres, était de guider la majorité ; il lui appartenait d'arrêter une ligne de conduite, de présenter un projet de loi conforme à ses vues et d'en soutenir la discussion au risque même de voir la direction politique lui échapper. M. Frère-Orban ne ménagea pas au ministère le reproche de vouloir étouffer la discussion, en faisant préparer, en dehors de tout contrôle de l'opinion et par des commissions réunies, dans l'intervalle des sessions, des rédactions sur lesquelles la majorité se serait mise d'accord et qu'elle serait disposée à homologuer, dès la première réunion des Chambres. L'orateur se montra plus juste, mieux inspiré, en soutenant que le but poursuivi par le gouvernement ne serait pas atteint. Vos commissions, disait-il, n'aboutiront à rien, chacun se cantonnera dans son système préféré et se refusera à toute concession, afin de pouvoir développer librement son opinion en séance, sans s'exposer au reproche de présenter un texte déjà abandonné par son auteur. Une transaction interviendra peut-être, au cours des débats publics, par crainte d'un échec complet de tout le travail de la revision, mais il ne faut pas espérer atteindre ce résultat dans les commissions. Le chef du Cabinet resta sourd aux arguments de cet adversaire, qui avait pourtant à son actif une longue expérience des luttes politiques. La discussion perdit de son ampleur lorsqu'on en vint à argumenter de certains précédents remontant aux origines mêmes de la Constitution. Finalement, après plusieurs séances de discussion, la création des commissions fut votée par 84 voix contre 48. Comme suite à donner à ce vote, la Chambre inséra dans son règlement la disposition suivante :

Art. 98. — « Toutes propositions de modifications ou de rédaction nouvelle des articles à reviser sont soumises à la commission, sans que la Chambre ait préalablement à en autoriser la lecture, à les prendre en considération ou à les examiner en section. » (1)

Les Chambres s'ajournèrent le 29 juillet, après avoir fait entrer dans les commissions les hommes des deux partis les plus autorisés par leur passé politique et par le rôle qu'ils avaient joué dans les discussions sur la revision au sein des anciennes Chambres.

La session ordinaire de 1892-93 s'ouvrit le 8 novembre. Voici en quels termes le Roi s'exprima au sujet de la revision (2):

« Messieurs,

« La Constitution belge est aujourd'hui la plus ancienne du continent. Elle a valu à notre cher pays une longue série d'années de paix et de fécond développement; j'en ai plus d'une fois, comme vous, proclamé la sagesse.

« Mais les œuvres des hommes n'ont qu'un temps: les institutions doivent être appropriées au milieu

(1) Documents parlementaires. Sess. ext. 1892, p. 3.

(2) Discours du Trône. Débats. Sess. ord. 1892-93, p. 77.

qu'elles régissent et, grâce aux progrès accomplis, nos institutions libérales — il y a un demi-siècle — peuvent être aujourd'hui améliorées et rajeunies.

« C'est ce qui vous a fait décider, d'accord avec mon Gouvernement, qu'il y avait lieu de remettre à l'étude divers points de notre organisation politique; et dans cette consultation solennelle et spéciale que prescrit notre pacte fondamental, le corps électoral d'aujourd'hui vient de vous donner mandat de réaliser une large extension du droit de suffrage. D'autres problèmes, du même ordre, se rattachent à celui-là et les résoudre sera l'objet essentiel de la session qui va s'ouvrir.

« En subordonnant la revision de la Constitution au vote d'une majorité exceptionnelle, nos pères ont voulu qu'elle ne pût être une œuvre de parti. C'est dans cet esprit, Messieurs, que des propositions vous seront soumises par mon Gouvernement. C'est dans cet esprit, je n'en doute pas, que vous les examinerez. Et les sentiments patriotiques qui animent vos assemblées, chaque fois qu'un grand intérêt national est en jeu, sont un sûr garant que la Constitution revisée sera une œuvre de concorde, de sagesse et de progrès. »

En regard du discours du trône, nous placerons la réponse votée à mains levées par la majorité de la Chambre des représentants (1).

---

(1) Séance du 18 nov. 1892. Ann. Parl., p. 104. Discussion de l'Adresse.

« Sire,

« Il appartenait à Votre Majesté de présider à l'ouverture d'une session législative dont les actes marqueront dans les annales de la Belgique et d'exprimer sa confiance dans la solution pacifique et éclairée des problèmes constitutionnels récemment soulevés. De son côté, la législature a été heureuse de pouvoir, dans cette occasion solennelle, témoigner une fois de plus son dévouement à la royauté, qui symbolise les forces et les espérances de la patrie.

« La Belgique ne s'est pas engagée dans une entreprise de démolition ; elle entend accomplir une œuvre de consolidation, destinée à donner aux institutions une base plus large. Le Congrès de 1830 avait su concilier d'une manière admirable les plus larges libertés avec les garanties d'ordre les plus efficaces, et le Roi rappelle avec raison les bienfaits que nous lui devons. Mais des progrès que la Constitution a semés sont sortis des aspirations et des besoins nouveaux, qu'elle avait prévus et auxquels le pays nous a, d'une manière spéciale, donné la charge de pourvoir.

« Aussi, tout en étant résolue à ne toucher à quelques-unes des dispositions du pacte fondamental que d'une main respectueuse, la Chambre estime-t-elle, comme Votre Majesté, qu'il est utile d'associer, dans de larges proportions, un plus grand nombre de citoyens à la gestion des affaires publiques. Pour accomplir cette tâche patriotique, elle s'inspirera de la pensée même du Congrès et elle examinera les propositions que le Gouvernement lui soumettra avec la ferme volonté de développer la Constitution sans l'ébranler et de concilier à cette réforme l'adhésion de tous les hommes pénétrés des sentiments de sagesse et de prudence qui animent la nation. »

Le groupe de l'extrême-gauche proposa la rédaction suivante, qui fut repoussée par 89 voix contre 21 et 7 abstentions. Les catholiques partisans du suffrage universel s'abstinrent.

« L'article 47 de la Constitution était en opposition flagrante avec les dispositions fondamentales des articles 6 et 25.

« Aussi, la Belgique a salué avec joie la décision par laquelle les Chambres, de commun accord avec Votre Majesté, ont déclaré qu'il y avait lieu de la reviser.

« La revision doit se faire dans l'esprit de la Constitution et substituer à la fiction surannée du « pays légal » un régime nouveau sous lequel il soit vrai de dire « que tous les pouvoirs émanent de la nation ».

« L'intérêt évident du pays, les vœux manifestes de l'opinion publique s'accordent pour réclamer un système électoral qui, sauf les cas d'indignité, n'exclue aucun citoyen parvenu à l'âge de la majorité politique, — si humble et si modeste que soit sa condition, — du droit de participer à l'élection des mandataires de la nation.

« Ainsi comprise, ainsi réalisée, la revision, loin d'être l'œuvre fragile et périssable d'un parti, sera une œuvre durable, digne des glorieuses traditions du Congrès et réellement nationale. Loin d'ébranler nos institutions, elle les consolidera en assurant aux pouvoirs publics la reconnaissance du peuple belge, trop longtemps méconnu.

« C'est dans cette pensée que la Chambre procédera à l'examen des questions constitutionnelles qu'elle est appelée à résoudre; elle est convaincue qu'elle s'inspirera ainsi des vues généreuses qui animent le gouvernement de Votre Majesté. »

Le discours du trône, bien que chargé d'un rappel des faits historiques relatifs à la revision, n'en constituait pas moins un acte d'une haute portée politique, en raison des sages conseils qu'il contenait à l'adresse de la majorité. Il nous est facile de déterminer le chemin parcouru dans la procédure revisionniste, depuis les dernières paroles prononcées par le Roi ou en son nom. Au mois de novembre 1891, la Couronne avait déclaré officiellement qu'elle était ralliée à l'idée de la revision de l'article 47; on savait même que l'initiative de certaines modifications de détail, qui devaient mettre le pacte fondamental en harmonie avec les situations nouvelles créées par un demi-siècle de vie politique, avait été prise par elle. Un an plus tard, en novembre 1892, le Roi se prononce en faveur d'une « large extension du droit de suffrage » et s'adressant plus particulièrement à la majorité, il lui recommande de ne pas faire « œuvre de parti », en élaborant le régime électoral de l'avenir. La majorité, comme on le sait, était aux catholiques ; non seulement ils disposaient dans l'une et l'autre Chambre de la majorité absolue, mais encore la majorité des deux tiers, exigée par l'article 131 de la Constitution, leur aurait été acquise, à quelques voix près, si le parti avait présenté plus de cohésion et s'était trouvé d'accord sur la formule nouvelle à substituer à l'article 47. En présence d'une telle situation politique, on se rend compte de la portée des paroles prononcées par le Roi. Enfin le discours du trône annonçait la préparation d'un projet de loi par le ministère ; désormais le gouvernement ne serait plus exposé aux amers reproches de M. Frère-Orban de vouloir à tout prix esquiver les responsabilités.

Si nous embrassons d'un regard d'ensemble tous les événements relatifs à la revision qui se sont produits, pendant la session de 1892-1893, nous sommes amenés à les répartir suivant trois périodes bien distinctes. Dans la première, qui s'étend jusqu'à la fin du mois de février 1893, nous avons à suivre les travaux des commissions parlementaires instituées au mois de juillet précédent par les deux Chambres. Du mois de mars à la fin d'avril, c'est l'époque de la discussion publique des propositions de loi destinées à remplacer l'article 47. Enfin, dans la dernière période, les Chambres s'occupent de l'organisation du Sénat, de l'électorat des sénateurs et des modifications de détail annoncées depuis longtemps par le gouvernement. Les textes nouveaux de la Constitution, sanctionnés par le Roi, figurent au *Bulletin des Lois et Arrêts royaux* du 7 septembre 1893.

Nous n'avons pas l'intention de faire assister le lecteur aux travaux des commissions parlementaires, pas plus, d'ailleurs, que de lui présenter une analyse, même sommaire, des discours prononcés en séance publique par les nombreux inventeurs de formules constitutionnelles. On nous en saura gré, croyons-nous, quand on connaîtra comment les choses ont tourné à l'assemblée, sous la pression des événements du dehors.

Pendant l'hiver 1892-93, les discussions se sont poursuivies au sein des commissions parlementaires : il serait plus exact de dire à la commission de la Chambre, car dès le début, les XXI du Sénat émirent cette opinion, que l'initiative, dans les matières les plus graves, étant réservée à la Chambre des représentants, il ne leur appartenait pas, pour le moment, de se mêler au travail de revision. Le Sénat se réservait simplement d'examiner les textes proposés par la commission de la Chambre, avant l'ouverture des débats publics. La commission siégea pendant près de trois mois, recevant presque chaque jour des propositions nouvelles, qui émanaient, soit de ses membres, soit des représentants étrangers à la commission, ou même de simples citoyens de la Belgique, jaloux de collaborer à la grande œuvre de la revision par l'appoint de quelques idées plus ou moins originales. Les propositions étaient longuement développées par leurs auteurs, discutées, remaniées ; mais de solution, il n'en apparaissait pas. Les orateurs ont fait preuve de beaucoup de talent, les faiseurs de systèmes ont mis à l'épreuve toutes les ressources de leur ingéniosité; mais que de temps dépensé, on peut le dire, en pure perte, car, suivant la prévision de M. Frère-Orban, chacun resta sur son terrain, personne ne voulut rien abandonner de ses préférences. C'était le chaos absolu, une véritable « sarabande parlementaire ». On parla même de dissoudre les Chambres : nous ne serions pas disposés à le croire, si nous n'en trouvions l'affirmation précise dans les écrits de M. Frère-Orban. De tous les membres de la commission, le chef du parti doctrinaire nous apparaît comme le plus obstiné, le plus irréductible; les uns tenaient pour le suffrage universel, les autres pour un système électoral fondé sur la capacité, sur l'habitation, l'occupation ou le cens, la plupart étaient disposés à faire quelques concessions, mais seulement au dernier moment. M. Frère-Orban resta inflexible jusqu'au bout, figé dans cette idée de l'application des lois de 1871 et de 1883, sur l'électorat des assemblées locales, à l'électorat politique. Le gouvernement écoutait, discutait, observait, s'efforçant de définir, au milieu des idées qui s'échangeaient, les éléments d'une entente nécessaire. Le projet ministériel, annoncé par le discours du trône, parut à la fin de décembre 1892. Tel qu'il était conçu, ce projet a paru, chez nous, inspiré surtout par une pensée de défiance à l'égard de la démocratie urbaine et comme étant destiné à « créer un privilège énorme au profit de la population rurale. ». Nous ne voudrions pas trop nous associer à ce reproche, tombé de la plume d'un de nos plus sûrs chroniqueurs de la presse parisienne, sans avoir commencé par définir, dans un tableau tracé à grands traits, les systèmes de prédilection des différents partis politiques. On nous passera de nombreuses citations, à l'aide desquelles le lecteur se rendra un compte plus fidèle de ce que l'on pensait du droit de vote, chez nos voisins.

Le suffrage universel pur et simple, à 21 ans, sans condition, le suffrage universel « *inorganisé* », comme on l'a appelé, n'avait pas de défenseur à la Chambre des représentants. Ses partisans se comptaient dans les rangs socialistes ; MM. Volders et Anseels étaient les chefs du parti. Durant la discussion publique des propositions de revision, ils ont parcouru la Belgique, prêchant en faveur de leurs doctrines, rappelant aux ouvriers la décision prise autrefois par le Conseil général, pour le cas où les

Chambres ne se montreraient pas disposées à voter le suffrage universel, en un mot préparant tout dans le pays, en vue d'exercer sur les pouvoirs publics, au moment opportun, une pression aux allures plus ou moins révolutionnaires. Voici en quels termes s'exprimait, au Congrès de Namur, le rédacteur en chef du journal « *Le Peuple* » :

« Le but de la classe ouvrière est de conquérir le pouvoir et non de concilier les intérêts. La loi essentielle du socialisme doit être d'amener le libre exercice de la force du nombre. Le suffrage universel est jeune, mais dès que les masses sauront s'en servir, il obtiendra la majorité. »

Au suffrage universel inorganisé, on opposait la théorie du « *suffrage généralisé* » (1). Le suffrage universel comptait des partisans à droite et à gauche de l'Assemblée. M. Nothomb était aussi fermement attaché à l'idée de l'admission aux urnes de tous les citoyens que MM. Janson et Féron. Le député catholique se montrait assez rigoureux quant aux conditions

(1) Rapport de M. de Smet de Nayer. Doc. parl., p. 144.

d'âge et de résidence à exiger pour l'inscription sur la liste des électeurs ; sa proposition tendait à conférer le droit de vote aux citoyens belges âgés de 25 ans et justifiant de trois années de résidence.

Le parti libéral avancé fit preuve du plus sincère esprit de conciliation ; dès le début il se montra disposé aux concessions. Son but était l'égalité de tous les citoyens, plutôt que l'universalité du droit de vote ; aussi peu lui importent les conditions d'âge ou de résidence, pourvu qu'elles soient les mêmes pour tous les citoyens. Le groupe politique admettait aussi certaines différences dans l'exercice du droit de suffrage, tout au moins en ce qui concernait l'élection des sénateurs ; enfin il s'engageait à voter les dispositions constitutionnelles, que le gouvernement proposerait comme des tempéraments à une application trop brusque de la loi du nombre. Nous reproduisons un article de la *Réforme*, l'organe de M. Janson, qui résume très nettement le programme revisionniste de la gauche radicale : c'est ce qu'on a appelé *le système des 3 R.*

« En échange de la concession nécessaire, inéluctable du suffrage universel, nous offrons au gouvernement des garanties conservatrices d'une haute importance, qui ne sont offertes par les radicaux d'aucun pays et dont nous avons, au prix d'efforts dont on pourrait nous tenir compte, fait comprendre l'utilité à ceux de nos amis qui y étaient d'abord peu favorables : le referendun royal et populaire, qui a ce double avantage de corriger les abus du parlementarisme et de garantir les catholiques contre toute atteinte qu'une majorité parlementaire pourrait être tentée de porter à leurs convictions ; la représentation proportionnelle, qui met les minorités à l'abri de la destruction et assure, dans les hôtels de ville comme aux Chambres, la présence des hommes rassis et expérimentés de tous les partis ; le maintien du Sénat et sa réorganisation sur la base de la représentation des intérêts, réclamés par tous les hommes éminents des partis conservateurs, et constituant, semble-t-il, l'idéal même des catholiques intelligents aussi bien que des socialistes de la chaire ». (1)

Sur la question de la revision de l'article 47, le parti libéral modéré s'est divisé. M. Frère-Orban ne put jamais se résoudre à abandonner ses préférences pour le système électoral, qu'il avait vu fonctionner pendant cinquante an-

(1) *La Réforme*, 13 février 1893.

nées de sa longue carrière politique, c'est-à-dire pour un régime restreint, du moins dans le principe. Le député de Liège n'était pas partisan d'une politique de résistance, nous l'avons vu se consacrer tout entier à l'œuvre d'extension du droit de suffrage ; mais, pour lui, cette réforme était inséparable des mesures d'émancipation des masses, à la faveur d'une instruction largement répandue dans le pays. Un groupe important se détacha du parti doctrinaire, pour passer à l'aile droite des progressistes, sous la conduite de M. Graux, député de Bruxelles, ancien ministre des finances du cabinet libéral. Etait-ce par suite d'un changement dans les convictions ? Certains disent par manœuvre politique. Les plus avisés, parmi les doctrinaires, sentant le terrain leur manquer, dans cette lutte entre les influences religieuses et foncières d'une part et les idées démocratiques de l'autre, se rejetaient à gauche pour rallier à eux, au prix d'un dernier effort, les voix progressistes et socialistes. Le système de M. Graux est le suffrage universel de tous, *à l'exclusion des illettrés et des indigents*. Voici en quels termes M. Graux justifiait sa proposition :

« Lorsqu'on écarte le suffrage universel, il existe deux conditions principales dont on peut faire dépendre la participation des citoyens aux affaires publiques par l'électorat. Un certain degré de fortune, ou du moins d'aisance, et un certain degré de culture intellectuelle ou de capacité

« En exigeant l'une de ces conditions seulement, on est conduit ou bien à fixer le degré d'aisance et le degré de capacité trop haut pour que l'électorat soit largement accessible à la classe ouvrière, ou bien à rendre ces garanties illusoires en les faisant descendre trop bas.

« Que l'on soit apte à devenir électeur lorsqu'on possède les connaissances qui forment le programme de l'instruction primaire complète ou lorsqu'on paie 10 francs d'impôt direct, il faut l'admettre. Mais en écartant des comices électoraux tous ceux qui ne justifient pas de l'un ou de l'autre de ces titres, on rend l'accès à l'électorat trop difficile aux classes laborieuses.

« D'autre part, si, à ce degré, les conditions d'aisance et de capacité peuvent être considérées comme se suppléant l'une l'autre dans une certaine mesure, elles perdent cette propriété d'équivalence lorsqu'on en abaisse le niveau.

« L'homme qui, par sa faute ou par son infortune, est réduit à demander du pain à la charité, retrouvera-t-il, dans la connaissance de la lecture et de l'écriture, l'indépendance que lui enlève la misère? Celui qui ne sait pas lire, qui ignore ce mode de communication entre les hommes, sans lequel il est impossible de se former l'opinion la plus élémentaire sur les intérêts généraux les plus simples, deviendra-t-il apte à apprécier ces intérêts, par la seule raison que son salaire suffit à ses besoins?

« Pour donner au régime électoral un caractère réellement populaire, il faut donc abaisser autant qu'il est possible les conditions d'aisance et de capacité, mais les exiger en même temps l'une et l'autre ; il faut attribuer le droit de vote aux citoyens qui, sachant lire et écrire, sont en état de subvenir, au moyen de leurs propres ressources, à leur subsistance et à celle de leur famille. C'est, en réalité, le suffrage général, le suffrage de tous à l'exclusion des illettrés et des indigents. » (1)

Le système électoral de M. Graux fut moins critiqué, dans son principe, que combattu en raison des résultats auxquels son application pouvait conduire ; on lui reprochait de laisser la porte grande ouverte aux fraudes. S'il est un point sur lequel tous les hommes politiques étaient d'accord, au moment où le travail de revision se poursuivait, c'est assurément sur

(1) Extrait de la note remise par M. Graux à la commission de la Chambre. Doc. parl., p. 147.

la nécessité, désormais reconnue comme inéluctable, de voter un texte limitatif, précis d'où les partis ne pourraient plus tirer, ainsi que cela s'était pratiqué sous l'empire de l'ancien article 47, une législation électorale variant suivant les époques, les tendances ou les intérêts de la majorité. Les esprits étaient hantés par le souvenir des lois élaborées à une époque récente, qui avaient eu pour conséquence tantôt d'élargir le corps électoral, tantôt de le restreindre, au prix même de certaines exemptions d'impôt, accordées à des catégories d'électeurs considérés à tort ou à raison comme suspectes. La proposition de M. Graux parut pleine de complications à la commission parlementaire ; cette dernière se demanda comment l'on pourrait arriver à la formation d'un corps électoral toujours en harmonie avec le texte constitutionnel, et avec la lettre d'une loi électorale votée suivant la pensée de M. Graux, si l'on suivait ce représentant dans son système préféré d'exclusion des illettrés et des assistés. Voici comment l'on devait procéder, pour exclure les illettrés. M. Graux entendait exiger de tout citoyen belge réclamant son inscription sur la liste électorale, la rédaction, sans modèle, d'une demande en présence d'un officier ministériel et de témoins ; cette pièce devait contenir un certain nombre d'indications, que la loi électorale déterminerait. Cette même loi stipulerait des présomptions de capacité dispensant de la rédaction de l'acte la grande majorité du corps électoral. Les citoyens devaient également déclarer par écrit que pendant les deux années, qui précédaient la formation des listes, ils n'avaient pas reçu de secours d'une institution publique ou d'une association privée de bienfaisance. Les déclarations suspectes devaient mettre en œuvre toutes les ressources investigatives des administrations publiques et l'assisté exclu des listes, contrairement aux indications de sa déclaration, devenait passible de peines correctionnelles.

M. Frère-Orban ne suivit pas M. Graux dans le rapprochement tenté par lui avec les progressistes. La proposition du député de Liége part de ce point de vue que sous le régime constitutionnel de la Belgique, l'unanimité des citoyens ne peut être admise aux urnes; il faut pratiquer des exclusions, pour rester dans l'esprit du pacte fondamental du pays. Ces exclusions seront en aussi petit nombre que possible; pour les opérer, il suffira d'écarter du corps électoral tous ceux qui ne justifieront pas d'un certain degré d'instruction. Le corps électoral doit être très-étendu et l'on ne doit pas exiger des citoyens, pour l'exercice des droits politiques, autre chose que l'instruction élémentaire. A vrai dire, si ce n'est pas le suffrage universel en principe, du moins le système préconisé par le chef du parti doctrinaire, dans l'application, ne devait pas s'en écarter beaucoup, surtout si l'on juge que catholiques et libéraux, dès le lendemain de la mise en vigueur de la loi, chercheraient, plus activement encore que par le passé, à développer l'instruction primaire, dans leurs différents centres de populations amies, afin d'augmenter le nombre de leurs facteurs politiques. Aussi le système de M. Frère-Orban se présentait-il comme purement transitoire. Une courte analyse nous permettra d'en juger. « Jusqu'à la mise en vigueur de la loi électorale, » porte le texte de la proposition, (1) « les dispositions qui régissent actuellement les élections provinciales et communales, quant à l'étendue des connaissances requises, seront appliquées aux élections législatives. » Les électeurs provinciaux et communaux, censitaires ou capacitaires avaient fait leurs preuves, ils devaient être les premiers à bénéficier du mouvement en faveur de l'extension des droits politiques. La même raison amenait le député de Liège à faire entrer dans le nouveau corps électoral tous les individus inscrits sur les listes générales, en raison du cens qu'ils payaient.

(1) Documents parlementaires, Chambre, session 1892-1893, p. 150.

Enfin devaient être rétablis, sur les listes d'électeurs, tous les citoyens rayés, comme conséquence d'une loi récente, la loi du 9 août 1889, qui exemptait de la taxe personnelle les occupants de maisons ouvrières.

Une proposition ainsi comprise dispensait son auteur de fournir de longs développements à l'appui d'un régime électoral fondé exclusivement sur la connaissance des matières de l'enseignement primaire ; aussi les notes versées à la commission par M. Frère-Orban, étaient-elles destinées à combattre les préférences du gouvernement, plutôt qu'à soutenir les vues du groupe politique resté fidèle au député de Liège.

La commission se refusa à suivre le chef du parti doctrinaire dans son système absolu ; M. de Smet de Nayer, rapporteur des projets à la Chambre des représentants, nous en donne les raisons. La majorité des Assemblées législatives avait depuis longtemps manifesté son désir de donner, comme base au droit de vote, le fait d'occuper une maison ou un terrain d'une valeur cadastrale déterminée ; dans un sentiment de conciliation, elle s'était montrée disposée à admettre la capacité, constatée par l'examen, mais uniquement à titre de transaction et moyennant l'adjonction d'autres bases. La commission objectait que l'instruction supérieure, et à plus forte raison l'instruction primaire, n'était pas une garantie de moralité et d'ordre. Les critiques dirigées contre la législation ancienne s'induisaient de l'attribution du droit de suffrage, à raison du paiement de l'impôt, mais les adversaires du cens ne lui ont jamais dénié la qualité d'une base électorale offrant les plus sérieuses garanties.

Jusqu'au dernier moment de la revision constitutionnelle, le *cens* eut ses partisans. Ils proposaient de rédiger ainsi l'article 47 :

« Les représentants sont élus directement par les citoyens âgés de 25 ans, payant depuis deux ans le cens déterminé par la loi électorale, lequel ne peut être au-dessous de cinq francs d'impôt direct, ou qui, possédant la base de l'impôt et portés au rôle pour une somme équivalente au cens, sont dispensés du paiement par la loi. » (1)

Les arguments ne manquaient pas aux représentants restés attachés au système, qui fait dépendre la qualité d'électeur du paiement de l'impôt. Le régime censitaire avait d'abord pour lui d'être pratiqué depuis longtemps ; en le perpétuant, on restait dans l'esprit de la Constitution. « Ce régime, disait-on, est national, il nous rapproche de la Hollande pour nous différencier des deux grands voisins dont nous avons le plus à craindre. Tous ceux qui seraient, dès maintenant, appelés à en jouir ont déjà usé de ce droit sur le terrain communal ; de tous les systèmes préconisés, c'est celui qui livre le moins à l'inconnu. » Dans le système du cens, la présomption légale de capacité s'induit non seulement d'un

(1) Guide de l'électeur aux Chambres constituantes, par Van den Berg. Liège, 1892.

fait unique, comme dans le système de l'habitation, mais aussi de la possession d'un immeuble, de l'exploitation d'une industrie quelque modeste qu'elle soit, de l'exercice d'une profession, conditions donnant, au même titre, un intérêt au maintien de l'ordre et à la bonne gestion des affaires publiques. En adoptant le cens de 5 fr., on reconnaissait le droit de vote, lors des élections législatives, aux 400,000 électeurs censitaires communaux, de qui la loi de 1871 exigeait le paiement d'un impôt plus élevé. Les citoyens exemptés de la contribution personnelle comme fonctionnaires, instituteurs, membres du clergé, en vertu des lois de 1878 et 1879, ou comme habitants de maisons ouvrières, d'après la loi de 1889, ne seraient plus désormais exclus de la liste électorale. En résumé, les défenseurs du régime censitaire estimaient que leur proposition élèverait le chiffre des électeurs de 135,000 à bien près de 500,000. N'était-ce pas répondre largement aux exigences de l'opinion publique? La thèse était très soutenable. Mais le régime censitaire avait contre lui l'expérience des dix dernières années, pendant lesquelles la majorité avait pratiqué des hécatombes d'électeurs. Nous ne pouvons croire qu'en votant de telles mesures fiscales, on ne se rendait pas compte de la répercussion que la loi aurait sur les droits électoraux. Le gouvernement se déclara nettement hostile à la conservation du régime censitaire, afin de dégager pour l'avenir la législation politique de ses liens avec les lois d'impôts, et la majorité de la commission se rallia à sa façon de voir.

Le système électoral, qui recruta le plus grand nombre d'adhérents, dans les anciennes Chambres, est celui qui donne comme fondement au droit de suffrage le fait d'habiter une maison d'un revenu cadastral déterminé. Voici quelles avaient été les propositions de la section centrale :

Seraient électeurs :

1° Dans les communes de plus de 5,000 habitants, les occupants de maisons dont le revenu cadastral atteindrait 30 francs ;

2° Dans les communes de 5 à 20,000 habitants, les occupants de maisons d'un revenu cadastral de 42 francs et au dessus ;

3° Dans les communes de plus de 20,000 habitants, les occupants d'une maison d'un revenu de 60 francs ;

4° Les sous-occupants de maisons, lorsque la partie occupée représenterait un revenu de 30, 42 ou 60 francs, suivant la population de la commune.

C'est le système dit de l'*habitation différentielle.*

Depuis longtemps la majorité avait fait connaître ses sentiments, elle entendait exiger des citoyens, pour leur admission aux urnes, une garantie de leur intérêt au maintien du bon ordre dans le pays ; le paiement d'un certain chiffre d'impôts directs est assurément une présomption très sûre, mais le régime électoral institué, sur l'article 47 de la Constitution, étant reconnu défectueux, on abandonnait la présomption tirée de la loi d'impôt, pour ne s'attacher qu'au fait lui-même, à l'habitation. A l'appui de leur système, les partisans de l'habitation invoquèrent l'exemple de l'Angleterre, mais M. Frère-Orban se chargea de réfuter l'argument d'analogie, en montrant que le fait de l'habitation n'est pas seul pris en considération par la loi anglaise, puisque les électeurs sont soumis à un impôt très lourd, la taxe des pauvres, dont le produit est affecté non seulement aux dépenses d'assistance publique, mais à un très grand nombre d'autres dépenses d'intérêt local (1). La majorité catholique jugeait ce régime le plus large, le plus extensible de tous, puisqu'il faut que chacun se loge ; elle ne cachait pas, toutefois, ses inquiétudes au sujet des résultats, que donnerait la mise en vigueur d'un régime électoral fondé exclusivement sur l'habitation. Le but poursuivi

(1) Frère-Orban. La revision constitutionnelle et ses conséquences, p. 9.

était l'extension dans une large mesure du droit de vote et il n'a jamais été prouvé d'une façon indiscutable qu'avec l'habitation le nombre des électeurs politiques se serait accru sensiblement. La Belgique, d'après les statistiques officielles, comptait 1,143,194 maisons imposées à la contribution foncière, sur ce nombre 794,000 seulement atteignaient le revenu cadastral fixé comme minimun par la section centrale. De ce chiffre de 794,000, il y avait lieu de déduire 6 1/2 0/0 de maisons vides, le nombre des maisons à porter en compte tombait à 747,000. Si l'on déduit les maisons occupées par les femmes, les mineurs, les incapables, les étrangers, les maisons de campagne et les magasins qui formaient double emploi, et en appliquant la réduction de 40 0/0 constatée pour les électeurs censitaires à 10 fr., on arrive à un chiffre maximum de 448,000 électeurs. L'habitation faisait disparaître des listes tous les individus inscrits en raison de leur cote foncière, de leur patente ou par suite de l'adjonction de l'une ou l'autre de ces deux bases, avec le paiement d'une contribution personnelle. Le nombre des électeurs politiques pouvait très bien se trouver au-dessous de celui des électeurs communaux. La majorité n'était pas disposée à opérer la revision, dans de pareilles conditions; on lui proposa de compléter l'habitation par ce que l'on appela le système de l'*occupation*. Voici la formule sous laquelle on le résumait :

Dans les communes de moins de 5.000 habitants, seraient électeurs bien qu'habitant une maison d'une valeur locative inférieure à 30 francs, de 24 ou même de 18 francs seulement, les individus qui rempliraient cette première condition et en même temps celle de cultiver des terres d'un revenu cadastral de 36 ou 48 francs. De même, dans les communes de moins de 20,000 habitants, on admettrait aux urnes les occupants des maisons d'un revenu de 24, 30 ou 36 francs, qui cultiveraient des terres d'un revenu respectif de 48, 42 ou

36 francs. Enfin, la formule réglait, d'après une progression analogue, la valeur de l'habitation et le revenu cadastral des terres, dans les communes de plus de 20.000 âmes.

Il était clair, que l'occupation ne trouverait son application que dans les communes rurales. C'est même ce qui rendait le système plus séduisant aux yeux de la majorité conservatrice. La formule reposait sur une idée juste. Ne convenait-il pas, en effet, de se montrer généreux à l'égard des populations rurales, chez lesquelles se rencontrent les qualités les plus précieuses, pour l'ordre et la bonne gestion des intérêts généraux ? N'était-il pas équitable de consentir une certaine réduction sur la valeur de l'habitation, quitte à compenser cette facilité donnée à l'individu, en admettant en compte l'importance des terres qu'il cultive ? Pour le paysan, la terre est le complément de la maison, ce qu'est, pour l'ouvrier, l'atelier ou la chambre de travail. On espérait de cette façon augmenter de 110,000 le nombre des maisons susceptibles du revenu exigé comme minimum par la section centrale. Mais la majorité de la Chambre raisonnait sans le Sénat et surtout sans les libéraux. Ces derniers étaient tous d'accord pour écarter la formule de l'occupation. Modérés et avancés dénoncèrent la possibilité de faire entrer dans le corps électoral, à la faveur du système proposé, un nombre incalculable d'individus présentant sans doute des qualités précieuses de travail, d'ordre et d'économie, mais privés, peut-être, de l'indépendance, la première condition qu'une bonne loi électorale doit exiger des citoyens, avant de les admettre aux urnes. Les communes, les établissements de bienfaisance, les fabriques, les associations sont propriétaires, en Belgique, de surfaces très étendues, les établissements de bienfaisance louent, à eux seuls, plus de 80.000 hectares ; il était à craindre que les preneurs ne puissent, au jour de l'élection, se soustraire aux influences religieuses ou politiques des tenanciers, en grande majorité acquis aux idées du parti catholique.

Nous venons de rappeler les différentes formules de régime électoral entre lesquelles se partageaient les préférences des groupes politiques, au moment où parurent les propositions du gouvernement. Quoi qu'en dise M. Frère-Orban, la lettre adressée par M. Beernaert le 31 décembre 1892, au Président de la commission de la Chambre des représentants, n'avait pas le caractère d'une simple communication officieuse, c'était, en réalité, un projet de loi, précédé d'un exposé des motifs, et l'on ne fera croire à personne qu'un acte d'une si grande portée politique n'ait pas été soumis aux Chambres comme l'expression des vues du cabinet tout entier. Voici comment le gouvernement proposait de régler dans l'avenir le régime électoral de la Belgique (1) :

Art. 48 (47 ancien). — Les députés à la Chambre des représentants sont élus directement par

(1) Ann. Parl. Documents 1892-93, p. 91.

les citoyens âgés de 25 ans accomplis et domiciliés depuis un an dans la même commune ou dans la même agglomération auxquels la loi électorale attribue le droit de vote.

Le vote est obligatoire. Il a lieu à la commune, sauf les exceptions déterminées par la loi.

Art. 49 (ancien). — Peuvent seuls être admis à faire partie du corps électoral :

1° Les propriétaires d'immeubles d'une valeur d'au moins 2.000 francs ;

2° Ceux qui habitent depuis un an au moins en qualité de principal occupant une maison ou partie de maison de la valeur à déterminer par la loi et qui ne pourra être

— Inférieure à 2.400 francs ni supérieure à 4.800 francs dans les agglomérations de plus de 20.000 âmes ;

— Inférieure à 1.800 francs ni supérieure à 3.600 fr. dans les agglomérations de 3.000 à 20.000 âmes;

— Inférieure à 1.200 francs ni supérieure à 2.400 fr. dans les autres cas ;

3° Les porteurs d'un diplôme d'enseignement supérieur ou d'un certificat homologué de fréquentation d'un cours complet d'humanités, sans distinction entre les établissements publics ou privés;

4° Ceux qui, après leur majorité, subissent avec succès un examen à régler par la loi et portant au moins sur la lecture, l'écriture et l'arithmétique élémentaire.

La loi règle le mode d'établissement de la valeur des propriétés et des habitations, sur la base du revenu cadastral, la subdivision de la valeur pour les habitations divisément occupées et la détermination des agglomérations.

Art. 50 (48 ancien). — Les élections se font par telles divisions que la loi détermine.

Le projet du gouvernement tendait à faire reconnaître la qualité d'électeur à tout citoyen belge, âgé de 25 ans, domicilié dans la même commune, depuis un an au moins et justifiant d'une des conditions admises comme bases du droit de suffrage. Ces bases étaient au nombre de trois : la qualité de propriétaire d'un immeuble d'une valeur de 2.000 francs, au moins, l'habitation d'une maison d'une valeur de 1.200 francs dans les communes de 2.000 habitants et au-dessous, et d'une valeur supérieure dans les communes d'une population plus forte, enfin l'instruction constatée soit par les diplômes universitaires, soit par un examen portant sur les matières de l'enseignement le plus élémentaire. Peut-on dire que le projet élaboré par le ministère Beernaert fut la manifestation non équivoque du désir du gouvernement de favoriser les populations rurales au détriment des populations des villes ? M. Frère-Orban gardait rancune au ministre des finances de n'avoir pas suivi la voie tracée par les conclusions du rapport de la section centrale et d'avoir attendu jusqu'à la veille de la discussion publique pour faire connaître ses vues sur le nouveau régime électoral à introduire en Belgique ; le député de Liège se prononça catégoriquement, il déclara qu'il ne voulait pas plus d'une démocratie rurale, livrée aux influences du clergé et des propriétaires fonciers, que d'une démocratie urbaine, accessible aux excitations des meneurs socialistes. La part faite aux tendances du parti doctrinaire était cependant assez belle. On pouvait trouver que la propriété d'un immeuble de 2.000 francs et l'habitation d'une maison d'une valeur d'au moins 1.200 francs étaient des bases électorales difficiles à atteindre, pour les populations ouvrières, mais la capacité apportait au régime proposé un tempérament conforme aux revendications du parti libéral. Hier encore, la gauche avancée bornait ses prétentions à l'admission aux urnes de tous les citoyens sachant lire et écrire, et si M. Janson, aujourd'hui, n'était plus disposé à faire des concessions que sur l'âge et sur les conditions de résidence, le parti doctrinaire avait depuis longtemps résumé tout son programme revisionniste, en disant qu'une fois la réforme opérée, il ne devait plus rester aux agitateurs d'autre cri de ralliement, que celui-ci : Place à l'ignorance ! Le projet du gouvernement admet le principe de la capacité comme base de l'électorat et il ne dépendra que des ouvriers et des paysans de devenir des électeurs en fréquentant, pendant quelques années, les nombreuses écoles subventionnées, en Belgique, par les deux grands partis politiques. On reprochait aux propositions du ministre des finances d'écarter des urnes l'immense majorité des ouvriers, en exigeant que la maison fût habitée soit à titre de propriétaire, soit à titre de principal occupant. Cette interprétation donnée au texte du projet peut paraître rigoureuse et nous sommes disposés à croire que tout individu, habitant une maison ouvrière, aurait pu revendiquer la qualité d'électeur, en justifiant que l'appartement, par lui occupé, présentait une valeur réelle de 1.200 francs, comparée à l'ensemble de l'immeuble. A ce point de vue tout spécial, d'ailleurs, le projet ne faisait pas de distinction entre les villes et les campagnes. Les propositions du cabinet furent inspirées par la plus saine appréciation des sentiments politiques en cours dans les deux Chambres; elles ont été présentées dans un esprit de sincère conciliation, avec le vif désir de mener à bonne fin le travail de revision. La Chambre se trouvait portée sur deux courants d'opinions très différents. Pour un certain nombre de représentants, siégeant à droite et à gauche de l'assemblée, l'adoption du suffrage universel s'imposait comme la conséquence d'un principe de droit public, qui veut que tout citoyen soit admis à voter, pour les élections législatives. Mais la grande majorité des députés du Parlement belge estimait, au contraire, que le droit de vote ne pouvait être reconnu qu'aux citoyens, justifiant d'un intérêt quelconque au maintien du bon ordre, dans l'Etat. Les uns trouvaient le fondement du droit électoral dans l'habitation d'une maison ou l'occupation d'une terre, les autres dans le paiement d'un chiffre d'impôt déterminé ou dans un certain degré d'instruction. Si l'on en juge par la diversité des formules proposées, les points de vue des partis paraissent totalement différents ; après avoir exposé les divers systèmes, nous devons nous demander dans quel ordre d'idées se plaçaient les représentants en soumettant à la commission parlementaire, d'abord, à la Chambre, ensuite, leurs propositions concernant le régime électoral de l'avenir.

Dans notre admiration, pour ce travail revisionniste de 1890 à 1893, aux aspects si curieux, nous n'irons pas jusqu'à croire que les députés de la Belgique se laissaient guider par une idée purement théorique et qu'en s'attachant à tel ou tel système de leur choix, ils faisaient abstraction de leurs tendances politiques ou des intérêts électoraux du parti auquel ils appartenaient. Ce serait les supposer trop parfaits. L'idée qui domine toute la revision belge est cependant une idée essentiellement simple, qui se présente dépourvue de toute préoccupation politique. La Belgique comptait, en 1893, six millions d'habitants, sur lesquels 135,000 électeurs seulement; tout le monde était d'accord pour déclarer ce chiffre trop faible. Il fallait donc augmenter le corps électoral. Dans quelles limites? Les hommes politiques se lanceront-ils de grands mots à la face, vont-ils définir l'étendue de la réforme à accomplir par l'affirmation d'un principe plus ou moins exclusif dans l'application à en tirer? Non, c'est plutôt sur le terrain des chiffres et des proportions mathématiques qu'ils se placent, c'est à l'aide de statistiques que les tendances propres à chacun d'eux se mesurent et que la lutte se poursuit sur ce champ de bataille parlementaire. Du chiffre de 135,000 électeurs passerait-on à 12 ou 1500 mille, comme le voulaient les libéraux avancés ; s'arrêterait-on à un chiffre intermédiaire ? 400,000 était reconnu trop faible. Le ministère et la majorité désiraient porter le corps électoral au chiffre de 750,000 environ. Le rapide exposé des systèmes suivis, par les divers groupes de la Chambre, nous a permis de constater combien les arguments invoqués pour ou contre les projets s'induisaient de raisons pratiques et puisées dans la connaissance approfondie et de la vie en Belgique et des lois administratives ou fiscales de ce pays. Le principe théorique laisse la place à une discussion toute rationnelle. La formule de l'occupation, pleine d'attrait pour le gouvernement et la majorité catholique de la Chambre, fut dénoncée par toute la gauche, comme permettant d'introduire, dans le corps électoral, une catégorie de citoyens de qui l'on ne pouvait espérer toute l'indépendance désirable. L'argument portait. Déjà le Sénat s'était montré peu disposé à voter le principe de l'occupation. Le ministère n'hésita pas à rayer cette base électorale du cadre de ses propositions et, plus tard, on le vit convier la majorité conservatrice à faire le sacrifice de ses préférences, non pas seulement pour obtenir l'appoint de quelques voix de la gauche, mais aussi afin de doter le pays d'un collège électoral à l'abri de tout reproche de servilisme. En 1869, à l'époque où, suivant l'expression courante en Belgique, le parti catholique était « sevré du pouvoir », M. Woeste se prononçait en faveur du suffrage universel ; en 1893, il vota contre la proposition de M Nothomb, son collègue de la droite. Voilà, dira-t-on, une preuve manifeste de l'esprit de parti apporté par les représentants, dans la question de la réforme électorale. L'exemple ne nous paraît pas absolument décisif. Les hommes les plus impartiaux voyaient un réel danger dans l'établissement du suffrage universel pur et simple, en Belgique, et leurs préoccupations trouvèrent crédit parmi les membres du Parlement de 1893. Les deux grands partis politiques comptent leurs soutiens, dans des régions très différentes : aux catholiques, les Flandres avec Anvers, Gand, Bruges, comme places fortes ; aux libéraux les pays wallons, avec Mons, Charleroi et Liège. Le suffrage universel ne pouvait qu'accuser plus manifestement encore les divergences de vues politiques des deux bords de la Belgique et c'était bien déjà assez des différences dans la langue, dans le genre d'existence, dans les tendances religieuses des populations rurales du nord-ouest et des centres ouvriers du sud-est, sans qu'on aille rendre la lutte plus âpre et plus malfaisante, en mettant entre leurs mains l'arme résultant de l'application de la loi du nombre. Il y allait, peut-être, de l'unité nationale. De l'étude de tous les faits de la revision constitutionnelle, se dégage cette idée que la réforme a été poursuivie et accomplie dans une pensée conservatrice. Les hommes politiques, de gauche comme de droite, voulaient créer un régime durable ; il semble que l'agitation revisionniste de ces dernières années ait créé, dans le pays, un état de malaise, auquel on voulait mettre fin par le vote d'une loi électorale, qui ne fût pas l'œuvre de certains et que les autres n'auraient pas manqué de décrier le lendemain même de sa promulgation. Beaucoup d'entêtement de la part des hommes politiques, mais, au fond, un vif désir d'élaborer, par une entente de bon aloi et par des concessions réciproques, une œuvre permettant à la Belgique de poursuivre le développement de sa vie industrielle et économique sous l'égide de ses institutions constitutionnelles raffermies. Les tendances conservatrices ne nous étonnent pas chez les membres des divers groupes catholiques et nous nous expliquons parfaitement les préférences du parti, pour le système de l'occupation ou de l'habitation, d'après ce que nous voyons chez nous.

La proposition de M. Frère-Orban, avec le caractère si curieux, que nous avons cherché à mettre en relief, dénotait, au même titre que les propositions émanant de la droite, la pensée conservatrice de l'auteur. La Belgique devait arriver au suffrage universel à la longue, au fur et à mesure du développement de l'instruction ; mais, pour que la réforme ne fût pas opérée trop hâtivement, le droit de suffrage ne devait être conféré, dès à présent, qu'aux citoyens ayant déjà fait leurs preuves. La gauche radicale réclamait le suffrage universel, mais gardons-nous de croire que sous cette revendication aux allures démocratiques et républicaines se soient cachées des tendances vers un changement dans l'ordre constitutionnel établi, en 1831. Pendant ses dix-huit années d'existence, la monarchie de Juillet lutta contre les idées républicaines en même temps qu'elle restait sourde aux manifestations diverses en faveur de l'élargissement du corps électoral. Ne nous laissons pas entraîner à un rapprochement facile, entre les événements dont notre pays fut le théâtre et la réforme électorale de la Belgique, en 1893. Les socialistes présentaient le roi Léopold II, comme favorable au suffrage universel. M. Frère-Orban reproche, quelque part, à M. Beernaert de n'avoir pas démenti ou corroboré cette affirmation de la presse la plus avancée, soit officiellement, soit officieusement. Nous n'avons pas à défendre le ministre des finances de cette nouvelle attaque ; le cabinet se conformait à l'esprit du régime constitutionnel, en ne découvrant pas la personnalité royale. Les libéraux avancés tenaient pour le suffrage universel, mais M. Janson ne manqua jamais une occasion de rendre hommage à ce Congrès national, de qui le pays tenait les institutions les plus libérales et les plus démocratiques de l'Europe, à l'époque où elles furent organisées, et la façon dont le député de Bruxelles parla de la couronne de Belgique, au cours des débats parlementaires sur la revision, mérite d'être rappelée. M. Janson s'exprimait ainsi dans un beau mouvement d'éloquence :

« Le suffrage universel, reconnaissez-le, messieurs, était annoncé par la Constitution de 1830 comme fatal, inévitable, inéluctable. Songez que, en 1830, le Congrès, qui ne partageait pas les théories de l'honorable M. Graux sur le droit, le Congrès a proclamé au profit de tous les citoyens, les plus pauvres comme les plus riches, les plus ignorants comme les plus lettrés, tous les droits inscrits dans le titre II, et il l'a fait, reconnaissons-le, au milieu des alarmes et des inquiétudes de tous les conservateurs de l'époque, à ce point que l'histoire raconte que, lorsque le roi Léopold Ier eut à accepter la Constitution votée par le Congrès, des sages d'alors cherchèrent à le détourner d'une pareille pensée, soutenant cette thèse, qu'on ressuscite aujourd'hui et qui est abandonnée, que le suffrage universel et la liberté seraient incompatibles avec le régime de la monarchie constitutionnelle.

« Le roi Léopold hésita, dit-on, mais il eut assez de fermeté et de sagesse pour triompher de ses propres appréhensions et d'abandonner des conseillers pusillanimes.

« L'événement a prouvé qu'il eut raison, car nous avons assisté à un spectacle que j'ai retenu et qui a été pour beaucoup dans la résolution, que j'ai prise, d'abandonner toute politique républicaine, d'un roi parlant des libertés du peuple belge et de la nécessité de les maintenir, dans un langage si sincère, si élevé, si convaincu, qu'il est impossible de ne pas dire que nul ici ne l'a surpassé.

« Le système si nouveau et si démocratique que le Congrès a proclamé a, par la pratique même, démenti les sombres prophéties qui annonçaient ses dangers et ses périls. Il en sera de même du suffrage universel.

« Il apparaît nécessairement comme la suite et la conséquence nécessaire des principes essentiels que la Constitution a proclamés.

« Résignez-vous donc à l'inévitable! » (1)

Ni l'un ni l'autre des deux partis politiques, pas plus les catholiques que les libéraux, même si tous les députés composant les deux groupes s'étaient trouvés d'accord sur la formule nouvelle à introduire dans l'acte fondamental du pays, ne pouvaient, avec leurs seules forces, faire la revision. La droite disposait de la majorité absolue dans les deux Chambres, mais non de la majorité des deux tiers exigée par l'article 131 de la Constitution, pour que les propositions fussent adoptées. Il fallait donc chercher un appoint quelque part; tenter les voix de la

(1) Extrait du discours du 14 mars 1893.

gauche, par une formule de transaction. Le ministère se consacra très sincèrement à cette mission ingrate, pour un gouvernement. En présentant son projet, M. Beernaert s'exprimait ainsi : « Ces propositions s'écartent en divers points de nos vues personnelles, mais la tâche importante de la revision ne peut être menée à bonne fin que moyennant un sincère esprit de conciliation et c'est au gouvernement à en donner l'exemple. » Le cabinet choisissait, comme premières bases de l'électorat, la propriété et l'habitation, c'était la part faite aux tendances de la majorité catholique. A la gauche, on offrait de larges concessions : la suppression du cens, afin de rendre impossibles dans l'avenir les manœuvres législatives, qui avaient permis d'augmenter ou de diminuer le nombre des électeurs, l'introduction de l'instruction la plus élémentaire, dans la Constitution, comme troisième base de l'électorat, l'abandon de l'occupation bien chère aux catholiques, même sous la forme d'un complément au système de l'habitation ; enfin,

M. Beernaert ne se déclarait pas, par avance, résolument opposé à la prise en considération de toute demande de modification des chiffres auxquels il s'était arrêté pour le taux différentiel des habitations, dans les campagnes et dans les villes.

Le projet du gouvernement fut remis aux présidents des deux commissions, à la fin de décembre 1892 ; la discussion se poursuivit au sein des commissions pendant deux mois encore, avant d'être portée à la Chambre des représentants. Les propositions du gouvernement vinrent augmenter le nombre de celles dont les commissions se trouvaient déjà saisies, mais il n'apparaît pas que les concessions faites par le cabinet, que son appel à la conciliation et à l'entente aient produit grand effet sur les membres de la gauche. Le projet du ministre des finances, amendé par M. de Smet de Nayer, fut adopté par la commission de la Chambre, dans la séance du 28 janvier. Le vote était à peu près certain, puisque la commission comptait 12 catholiques contre 8 libéraux. Mais les chiffres des scrutins doivent être notés, pour qu'on puisse juger de la situation parlementaire. Les deux premières bases de l'électorat indiquées par le gouvernement, la propriété d'un immeuble de 2,000 francs et l'habitation différentielle avec un minimum de 1,200 francs dans les communes rurales, furent adoptées par 13 voix contre 6; la capacité résultant soit du diplôme, soit de l'examen, fut adoptée par 8 voix contre 6 et 5 abstentions (1). Le gouvernement n'avait rallié, par le débat en Commission, aucune des voix de la gauche.

Pendant que la discussion des propositions du gouvernement et des différents membres de la Chambre se poursuivait au sein des commissions, le parti radical donna une nouvelle forme à l'agitation revisionniste, en organisant, dans toutes les agglomérations urbaines, un *referendum* sur le suffrage universel et les au-

(1) Rapport de M. de Smet de Nayer, *Documents parlementaires*, Chambre, p. 160.

tres systèmes électoraux alors mis en cause : le suffrage universel à 21 ans (M. Janson); à 25 ans (M. Nothomb); avec exclusion des illettrés et des assistés (M. Graux); le capacitariat (M. Frère-Orban), enfin le capacitariat combiné avec l'habitation différentielle (proposition du gouvernement et de la commission). Le questionnaire fut rédigé par l'Association libérale de Bruxelles. Les conseils des communes de la banlieue se montrèrent très favorables à cette consultation et ils donnèrent toutes les facilités possibles, pour que la manifestation fût sincère. Le conseil échevinal de Bruxelles, et M. Bulls, le bourgmestre, tout le premier, prirent au contraire, une attitude hostile, et le gouvernement, fort de cette résistance, donna des instructions aux gouverneurs des provinces, en vue de l'annulation des délibérations des conseils communaux disposés à organiser le referendum. L'Association libérale ne se laissa pas arrêter; à défaut des édifices publics, les cafés, les salles de réunions, des maisons particulières même furent utilisés comme salles de scrutin. Le vote eut lieu à Bruxelles le 27 février; 49 bureaux furent installés, où l'on reçut, de 9 h. du matin à 6 h. du soir, les votes de 110,000 personnes convoquées. Les adversaires du suffrage universel recommandèrent l'abstention. On compta 60,279 bulletins, soit plus de 50 0/0 des électeurs appelés. La proposition de M. Janson recueillit 48,660 voix, et celle de M. Nothomb 7,634; celles de M. Graux, du gouvernement et de M. Frère, 1,671, 1,022 et 903 voix. La consultation eut lieu dans tous les grands centres de la Belgique; l'ordre ne fut jamais troublé. L'Association libérale avait voulu organiser une manifestation en faveur du suffrage universel, et elle avait réussi. Prévoyant les critiques de ses détracteurs, elle s'était enquise, par avance, à Berne et à Paris, du nombre des abstentions constatées dans les grandes consultations du suffrage universel; on répondit, de Suisse, que le minimum était de 40 0/0. M. Pierre, secrétaire de la présidence de la Chambre des députés française, indiqua la proportion de 23 0/0, comme irréductible. Les partis hostiles au suffrage universel, en Belgique, ne pouvaient donc revendiquer, pour eux, les suffrages des 50,000 abstentionnistes. L'épreuve parut concluante. Le 8 mars, M. Grimard, président de l'Association libérale et du comité d'organisation, dépouillant, pour la circonstance, toute autre qualité que celle de citoyen belge, obtint audience du Roi, et lui soumit les chiffres recueillis dans les différents scrutins de Bruxelles et des provinces.

Les débats à la Chambre des représentants s'ouvrirent le 28 février par un discours magistral de M. Beernaert. Le chef du cabinet commença par rappeler ses précédentes communications, pour insister, ensuite, sur les concessions faites à la gauche, par les propositions du 31 décembre 1892 : aux libéraux modérés, il accordait le principe de la capacité, tel qu'il figure dans la loi du 24 août 1883, aux avancés, il faisait le sacrifice du principe de l'occupation. Dans son ensemble, le projet conférait aux populations des villes de grands avantages; le gouvernement devait donc espérer que ses vues rallieraient les suffrages de toutes les gauches. Le premier ministre dressait ainsi le bilan du passé, sans se méprendre sur la situation parlementaire; mais ses vues d'aujourd'hui étaient-elles les mêmes que celles d'hier, ferait-il de nouvelles concessions aux libéraux, afin d'obtenir d'eux l'appoint des voix nécessaires, pour mener à bonne fin la tâche entreprise? Le discours du gouvernement commentait le passé, sans nous faire entrevoir l'avenir.

La discussion se poursuivit, en séance publique, de la même façon que dans les commissions. Commencée le 28 février, elle dura presque sans interruption jusqu'au 18 avril; pendant les 27 séances que tint la Chambre des représentants, entre ces deux dates, on disserta sur les systèmes nouveaux à substituer au régime électoral de l'article 47. Le compte rendu sténographique occupe 400 pages environ des *Annales parlementaires* belges, imprimées sur un format plus grand que notre *Journal Officiel* (p. 797 à 1192). Le cens, l'habitation, le capacitariat, le suffrage universel, furent successivement défendus, souvent avec un grand talent oratoire, toujours avec un flot de paroles où les discussions de chiffres s'entremêlent aux arguments tirés du texte de l'Evangile, au grand étonnement du lecteur français. Deux raisons nous expliquent la longueur des débats. L'une provient de ce sentiment, qui incite les représentants à prendre, dans les discussions, une part de responsabilité plus lourde en montant à la tribune, qu'en se contentant de déposer dans l'urne un bulletin de vote. L'autre raison est particulière au Parlement belge : les partis ou les groupes ne s'en rapportent pas à leurs chefs du soin de formuler leurs idées, des individualités même de second ordre interviennent, non pas tant pour se manifester à leurs électeurs, que pour amorcer le débat. A la séance du 2 mars, un incident assez curieux se produisit. La discussion générale durait depuis quelques jours seulement, et sans l'intervention du chef du cabinet, le président de la Chambre l'aurait déclarée close, faute d'orateurs inscrits. Deux députés de la droite, MM. Woeste et Moreau, et deux membres de la gauche modérée, MM. Bulls et Anspach-Puissant, s'étant fait rayer, on crut, dans les couloirs, à une entente conclue entre la gauche modérée et la droite, en dehors de M. Frère. Il n'en était rien. La Chambre s'en aperçut, le lendemain, en entendant M. Vanderkender, de la gauche modérée, qui se montra irréductible sur son terrain, après être allé aussi loin que possible dans la voie de la conciliation. Les deux groupes du centre reprirent position après le discours de M. Frère-Orban, des 23 et 24 mars. M. Beernaert répondit. L'entente fut impossible. M. Frère nous rapporte qu'il fit suggérer au ministre des finances, par M. de Lantsheere, président de la Chambre, un projet transactionnel. On aurait attribué le droit de suffrage à tous les citoyens âgés de 25 ans, possédant l'instruction primaire, et un double vote à l'électeur propriétaire ou occupant principal d'une maison ou partie de maison. Toujours d'après l'éminent député de Liège, « la mission aurait échoué parce qu'à cette heure déjà (1er avril), sans que les membres de la droite fussent avertis, de même qu'ils n'ont pas été consultés plus tard, les négociations mystérieuses avec les radicaux avaient produit leurs effets. » (1)

Sous ce rappel d'un souvenir personnel, mélangé d'une boutade se cache une vérité.

---

(1) Frère-Orban, *La revision constitutionnelle en Belgique et ses conséquences*, p. 33. L'auteur nous indique qu'à l'époque où il eut l'idée de faire soumettre à M. Beernaert la formule du double vote, il n'y avait aucune proposition de ce genre déposée. — Il nous revient à l'esprit qu'une proposition de vote plural fut soumise, chez nous, à l'Assemblée nationale, au cours de la discussion de la loi sur l'élection des députés du 30 novembre 1875. Le suffrage universel régnait déjà depuis près de 30 ans, sous des régimes politiques très différents, il ne pouvait être question de sa suppression, mais on voulait répondre aux sentiments conservateurs de l'Assemblée, en proposant de donner un double vote aux pères de famille.

Il est acquis à l'histoire parlementaire de la Belgique, que la revision constitutionnelle de 1893 est due aux efforts combinés du cabinet et de la gauche radicale. L'opinion de M. Frère-Orban a été corroborée, dans la séance du 18 avril, par les déclarations de MM. Woeste et Féron. Si la réforme n'a pas tourné dans le cercle des idées chères aux doctrinaires, la faute en est peut-être bien imputable à l'attitude prise dans l'affaire par le chef du parti. Au cours de la discussion, l'éminent député de Liège fit un grand discours en faveur de son système électoral ; le lendemain du jour où ses paroles parurent aux *Annales parlementaires*, il n'y eut qu'une voix dans beaucoup de milieux, pour déclarer que l'orateur venait de prononcer l'oraison funèbre de son parti. Le doctrinarisme s'éteint, la question de la revision lui a porté un coup fatal, il est tombé dans un discrédit profond, au point que tous ceux de nos compatriotes, à qui il a été donné de suivre de près les événements de 1893, en

Belgique, témoignent de leur étonnement (1). M. Frère-Orban exerçait un grand ascendant sur son groupe; ascendant très légitime, justifié par les services que cet illustre homme d'Etat a rendus à la cause libérale, pendant sa longue carrière, et dû également au respect, à l'admiration même, que son talent et ses convictions ont toujours inspirés à ses adversaires politiques. En 1846, déjà, M. Frère-Orban était sur la brèche, prenant une large part aux discussions du Congrès de Bruxelles; nous le retrouvons, en 1893, gratifié par son Souverain de la distinction honorifique de Ministre d'Etat, vivifiant le travail revisionniste par ses attaques contre le ministère Beernaert, par l'opposition incessante qu'il lui fit. M. Graux, nous l'avons vu, se sépara du chef de l'école libérale modérée, sur la question de la réforme électorale. Dans la dernière quinzaine de dis-

(1) Voir tout spécialement à ce sujet les correspondances adressées, en 1893, aux journaux, *Les Débats* et *Le Temps*.

cussions publiques, un vent nouveau soufflait sur le groupe des fidèles au député de Liège. Le vent était trop faible pour amener la désagrégation du groupe, trop faible aussi pour que le gouvernement et l'opinion publique aient pu le prendre en considération, en tenir compte. L'opinion publique se montra sévère, le gouvernement incrédule. M. Féron, directeur politique du journal *la Réforme*, fit une proposition transactionnelle ; elle consistait dans le suffrage à 25 ans, après 2 années de résidence, suivant la formule Nothomb, à tous les citoyens belges, avec une voix, en sus, aux pères de famille. Cette proposition émanant du groupe de l'extrême gauche, présentée partout comme ayant l'appui du gouvernement et du Roi, désorienta les esprits. La division se mit dans les rangs de la droite. M. Woeste essaya de ressaisir la majorité par une proposition qu'il arrêta de concert avec MM. de Kerchove et Bara, dont le fondement était la loi du 24 août 1883, œuvre du parti libéral. Entre les deux propositions, la Chambre pouvait hésiter. Le Conseil général du parti ouvrier profita de l'occasion pour entrer dans la lice. Un congrès socialiste fut organisé à Gand; MM. Volders et Van de Velde indiquèrent, sans hésitation, de quel côté ils penchaient. La proposition des groupes de droite fut combattue et le Congrès se prononça dans le sens du projet de M. Féron. Les chefs du parti ouvrier invitèrent leurs mandants au calme; c'était déjà un beau résultat, que d'avoir amené le gouvernement au principe du suffrage universel; quant aux conditions d'âge ou de résidence, quelque rigoureuses qu'elles puissent être, on devait les accepter comme des pierres d'achoppement que l'usage du nouveau régime électoral finirait, à la longue, par réduire. La majorité conservatrice eut conscience de cet entraînement dangereux pour son équilibre, en tant que parti politique: un des siens, encouragé par M. Woeste, se disposa à traiter avec la gauche modérée, pour éviter le suffrage universel, même tempéré par le vote plural. Le gouvernement s'était-il lassé de l'opposition irréductible des doctrinaires ; ou bien, le courant vers le suffrage universel était-il devenu si puissant qu'on se trouvait dans l'impossibilité de l'enrayer ? C'est là un point, qu'il est inutile de chercher ici à élucider. On était à la veille de Pâques : la Chambre suspendit ses séances et, à sa rentrée, elle sacrifia successivement, sous les yeux de la Belgique impatiente et de l'Europe anxieuse, à l'esprit de parti et d'obstination personnelle, toutes les propositions de revision, dont elle était saisie. Le système de M. Nothomb, qui consacrait le suffrage universel pur et simple, fut rejeté par 120 voix contre 27 et 3 abstentions ; les formules de MM. Sabatier, Anspach-Puissant, Henricot, Graux, Frère-Orban, furent repoussées par un nombre de voix variant entre 112 et 125 voix. Le projet du gouvernement amendé par M. de Smet de Nayer et adopté par la commission des XXI réunit 91 voix contre 61. Au surplus, ce résultat était prévu. La séance ne fut pas levée, après cette hécatombe de projets. Quatre propositions, déposées immédiatement, constituèrent rapidement la matière à de nouvelles discussions, à la commission des XXI. De ces quatre propositions, nous n'en retiendrons que deux; l'une montrera jusqu'à quel point les députés belges ont poussé l'originalité dans cette affaire de la revision; l'autre est la proposition de M. Nyssens, député de Louvain, qui devint le nouvel article 47 de la Constitution. Le premier de ces deux projets émane de M. Coomans; nous reproduisons le passage des *Annales parlementaires*, qui s'y rapporte.

M. LE PRÉSIDENT. — J'ai reçu une proposition de l'honorable M. Coomans. Elle est ainsi conçue :

« Art. 47. Sont électeurs tous les Belges les plus âgés, dans la proportion de 10 p. % de la population communale. (*Hilarité.*)

« La loi réglera l'application de ce principe et pourra augmenter ou diminuer le chiffre de 10 pour cent. » (*Nouveaux rires.*)

M. COOMANS. — Messieurs, j'ai étudié cette proposition depuis de longues années et je la crois la meilleure, ce que je démontrerai à l'heure opportune. Elle implique le vrai suffrage universel, puisque tous les Belges, dès leur naissance, sont appelés à devenir électeurs s'ils atteignent l'âge légal, condition universelle. (*Rires.*)

M. SCOUMANNE. — Vous auriez dû mettre cela dans votre *Académie des fous!* (*Nouvelle hilarité.*)

M. COOMANS. — Il n'y a pas d'académie plus sérieuse!

Je crois que la plupart des membres de cette Chambre attachent une grande importance à l'âge électoral.

Or, d'après les calculs approximatifs que j'ai faits, tous les Belges âgés d'environ 28 ans seraient compris dans le corps électoral, soit au nombre de plus de 600,000.

Il n'y aurait plus de difficultés, plus de fraudes pour dresser les listes électorales. L'état civil, toujours exact et impartial, le dresserait.

Or, messieurs, c'est la grande simplicité d'un système qui en fait la principale et durable valeur; il n'y a de bon, de vrai que ce qui est simple; il n'y a de durable que ce qui est simple.

Je suis très persuadé que l'âge, unique restriction que j'apporte au suffrage universel, suffirait à sauvegarder tous les intérêts, moraux, politiques et économiques.

Après une courte expérience, vous pourrez modifier le chiffre pour cent par la loi (*interruption*), oui, au bout d'un an ou deux, et surtout l'augmenter si un plus grand nombre de Belges acquièrent les aptitudes voulues. Au contraire, si des inconvénients, des dangers se produisent, vous pourrez diminuer le nombre des votants.

Voici maintenant le texte de la proposition de M. Nyssens :

« Les députés à la Chambre des représentants sont élus directement par les citoyens dans les conditions ci-après déterminées :

« Un vote est attribué à tout Belge âgé de 25 ans accomplis, domicilié depuis un an au moins dans la même commune et qui ne se trouve pas dans l'un des cas d'indignité prévus par la loi.

« Un vote supplémentaire est attribué à raison de chacune des conditions suivantes :

« 1° Etre âgé de 35 ans accomplis, être ou bien marié ou bien veuf ayant descendant légitime et payer à l'Etat au moins 5 francs d'impôt du chef de la contribution personnelle, en principal et additionnels, à moins qu'on n'en soit exempté à raison de sa profession;

« 2° Etre âgé de 25 ans accomplis et être propriétaire :

« Soit d'immeuble d'une valeur d'au moins 2,000 francs, à établir sur la base du revenu cadastral ;

« Soit d'une inscription au grand-livre de la dette publique ou d'un carnet de rente belge à la caisse d'épargne d'au moins 100 francs de rente.

« Les inscriptions et carnets doivent appartenir au titulaire depuis deux ans au moins.

« La propriété de la femme est comptée au mari ; celle des enfants mineurs, au père ;

« 3° Etre âgé de 25 ans accomplis et se trouver dans l'un des cas suivants :

« *A*. Etre porteur d'un diplôme d'enseignement supérieur ou d'un certificat homologué de fréquentation d'un cours complet d'enseignement moyen du degré supérieur, sans distinction entre les établissements publics ou privés;

« *B*. Remplir ou avoir rempli une fonction publique, occuper ou avoir occupé une position, exercer ou avoir exercé une profession privée qui impliquent la présomption évidente que le titulaire possède au moins les connaissances de l'enseignement moyen du degré supérieur. La loi détermine ces fonctions, positions et professions.

« Nul ne peut cumuler plus de trois votes.

« Le vote est obligatoire.

« Signé : A. NYSSENS, H. CARTUYVELS, F. NOEL, Bon G. SNOY, Cte DE THEUX, LÉON VISART. »

Le rejet des propositions tendant à l'établissement du suffrage universel pur et simple, dans les séances des 11 et 12 avril 1893, fut un signal pour le parti socialiste. Dès le 11 au soir, des bandes d'ouvriers se mirent à parcourir les rues de Bruxelles ; une manifestation devant le journal conservateur, le *Patriote*, amena des arrestations. Le lendemain, le Conseil général tint séance, et usant des pouvoirs, que trois années auparavant le Congrès lui avait conférés, il décréta la grève générale immédiate. Le mot d'ordre se répandit avec une extrême rapidité, sur tout le territoire; il fut observé, avec une soumission, qui étonna, chez nous. Le premier foyer de grève se déclara dans le Borinage, où la question électorale se compliquait de difficultés au sujet d'un règlement des salaires et de la fixation de la journée de travail. De Jemmapes et de Mons, le mouvement se propagea dans les Flandres ; trois jours après la décision du Conseil général du parti socialiste, on comptait à Gand plus de 20,000 grévistes. L'agitation devenait croissante. Pour maintenir l'ordre, le gouvernement disposait de la gendarmerie, de la garde civique et de l'armée ; cette dernière ne fut pas appelée à prêter son concours. La garde civique, milice comparable à notre garde nationale, renforcée par le rappel des deux classes de 1889 et 1890, prit en face de la situation une attitude décidée; elle réprima les atteintes portées à la propriété privée avec sévérité, convaincue qu'en remplissant sa mission, elle luttait *pro aris et focis*. Tout le bassin houiller du Hainaut fut occupé militairement. En plusieurs circonstances, la garde civique fit usage de ses armes contre les grévistes ; le sang coula. A Bruxelles, de nouveaux désordres motivèrent de la part du bourgmestre, M. Bulls, un arrêté portant interdiction des cortèges et des attroupements de plus de cinq personnes, tandis que le gouverneur du Brabant convoquait les bourgmestres de son ressort, pour leur recommander de prendre les mesures nécessaires, afin d'empêcher les meetings. Autant la municipalité de Bruxelles se montra ferme en face de l'agitation, autant celles des communes de la banlieue firent preuve de complaisance à l'égard des organisateurs de réunions. Ces manifestations se tenaient à Molenbook, à Saint-Gilles, à Ixelles. Le dimanche, 17 août, un grand meeting fut organisé, aux portes de Bruxelles, à Ten-Borch. Les orateurs du parti socialiste, MM. Volders et Desfuisseaux déclarèrent que la proposition Nyssens ne leur donnait qu'une satisfaction imparfaite ; ils recommandèrent, cependant, le calme jusqu'à la première séance des Chambres, annoncée pour le mardi. Au retour de la réunion, M. Bulls, reconnu par quelques-uns des assistants, fut victime d'une agression, heureusement sans gravité.

Ceux qui écriront plus tard l'histoire anecdotique de la revision constitutionnelle, en Belgique, s'enquerront du point de savoir quel a été le véritable inspirateur de la proposition lue par M. Nyssens, le 12 avril, à la Chambre des représentants, immédiatement après le rejet des diverses formules électorales soumises à cette Assemblée. Le texte de M. Nyssens a-t-il été élaboré dans un conciliabule tenu secrètement entre les membres du gouvernement et les députés les plus autorisés du groupe de l'extrême gauche, et l'honorable député de Louvain, en signant la proposition avec quelques-uns de ses amis de la droite, se faisait-il simplement le porte-parole autorisé d'un groupe de représentants, siégeant à droite comme à gauche, d'ores et déjà acquis à la formule nouvelle de l'article 47? C'est une version des faits que nous trouvons exposée dans plusieurs documents dignes de foi. Devons-nous croire, au contraire, que des pourparlers s'étaient engagés entre le gouvernement et M. Féron, avant la journée du 12 avril, où des deux côtés l'on s'était efforcé de trouver une formule de transaction permettant, à la fois, de donner satisfaction à l'extrême gauche par l'adoption du principe du droit de suffrage au profit de tous les citoyens belges et de rassurer les tendances conservatrices du gouvernement et de la majorité, par un tempérament apporté au principe du nombre, sous la forme d'avantages que l'on accorderait aux citoyens offrant des garanties pour la bonne gestion des affaires du pays. L'accord entre le cabinet et l'extrême gauche, sur la formule du vote plural, se placerait à une époque postérieure au dépôt de la proposition Nyssens. Nous n'avons pas à prendre parti sur cette controverse historique. On a parlé de négociations mystérieuses, de compromissions, de pacte honteux ; tous ces mots émaillent la discussion qui eut lieu à la Chambre et les brochures des polémistes de l'époque. Un fait est certain, et c'est le seul que nous voulions retenir. A peine la commission des XXI était-elle saisie de la proposition Nyssens, sur le renvoi prononcé par la Chambre, que le cabinet et l'extrême gauche se déclarèrent prêts à la voter. Durant la semaine, qui précéda la reprise de la discussion sur la revision, M. Beernaert fit connaître sa façon de voir dans plusieurs réunions de la droite ; il annonça officiellement son intention de poser la question de confiance sur le vote plural, en raison de l'appoint de 34 voix que les chefs de l'extrême gauche promettaient, au nom de leur parti. La Chambre s'était remise à la discussion du budget des chemins de fer en attendant le dépôt du rapport de la commission des XXI sur les nouveaux projets. Mais les préoccupations étaient dirigées d'un autre côté.

La journée du lundi 18 avril commença sous d'assez tristes pressentiments : des faits d'une extrême gravité s'étaient passés dans les derniers jours de la semaine précédente, l'attitude du parti socialiste causait de sérieuses inquiétudes. On peut le dire, toute l'Europe eut, ce jour-là, les yeux fixés sur Bruxelles. Les députés belges se rendaient compte de la nécessité d'en finir en votant un texte et en se groupant ensuite autour du gouvernement, afin de lui donner l'autorité nécessaire au rétablissement de l'ordre un instant menacé. Mais la situation parlementaire n'était pas devenue plus claire ; la commission n'avait pas encore arrêté son choix entre les divers projets et personne ne pouvait répondre que le cabinet enlèverait le vote des deux tiers en posant, une fois encore, la question de confiance. Les bruits les plus contradictoires circulaient sur l'attitude, que devaient prendre les divers groupes de la Chambre. Le soir de la même journée du 18 avril, tous les partis furent dans la joie: le texte nouveau était voté avec l'appoint des voix de l'extrême gauche et sur la foi des promesses de MM. Janson et Féron, on pouvait espérer que le calme se rétablirait vite dans les centres ouvriers. Cette journée comptera certainement parmi les plus décisives et les plus curieuses, dans l'histoire politique de nos voisins.

La séance de la Chambre s'ouvrit par une communication du gouvernement. M. Beernaert prit la parole pour flétrir les agitateurs, qui n'avaient pas craint de provoquer une grève générale, tandis que le Parlement se consacrait à la recherche d'une formule électorale pouvant être également votée par toutes les fractions de la Chambre. Le chef du cabinet remercia, aux applaudissements de l'assemblée, la gendarmerie, le garde civique et la police du dévouement dont elles avaient fait preuve, et il invita les députés à reprendre leurs travaux sans se préoccuper des bruits du dehors et avec le sentiment que l'ordre serait maintenu, l'indépendance du Parlement assurée. L'ordre du jour appelait la discussion du budget ; mais les XXI s'étant réunis dans la matinée, on obtint du rapporteur le dépôt de son travail après une suspension de séance. A 4 h. 1/2, les députés rentrèrent dans la salle des séances, pour entendre la lecture du rapport de M. Cooremans. La Commission se ralliait à la proposition de M. Nyssens, sous la réserve de très légères modifications de détail. (1) La séance dura jusqu'à 7 heures, les chefs de parti donnèrent seuls dans la discussion. Les discours prononcés, d'ailleurs fort courts, méritent une lecture ; quelques-uns sont remarquables par leur forme, ils reflètent d'une façon particulièrement saisissante les courants d'impressions diverses, qu'une analyse facile permettait de discerner,

(1) Voir le texte définitif à la Constitution revisée, en fin du volume.

dans les rangs de cette Assemblée, de moitié moins nombreuse que notre Sénat. Les députés ont parlé beaucoup moins dans l'espoir de convaincre leurs adversaires politiques que pour justifier l'attitude de leurs groupes. On se rend compte à la lecture des *Annales parlementaires* que la cause était gagnée pour les revisionnistes, puisque la proposition Nyssens ralliait l'extrême-gauche et le gouvernement. Les progressistes apportaient le nombre de voix suffisant pour atteindre la majorité des deux tiers, et le cabinet, en posant la question de confiance, devait déterminer le vote de la grande majorité de la droite en faveur de la nouvelle formule constitutionnelle. M. Beernaert fit ressortir le caractère transactionnel de la proposition de M. Nyssens ; le texte reconnaissait le droit de suffrage à tous les citoyens belges, conformément aux vues de l'extrême gauche; la droite trouvait un correctif au suffrage universel, dans l'inscription du double ou du triple vote, au profit des citoyens justifiant de certaines conditions d'âge, de famille ou d'aisance ; enfin la gauche modérée recevait une part dans la répartition, en raison de l'adoption du principe de la capacité comme conférant l'avantage de voix supplémentaires. « Aucun de nous, dit en terminant M. le Ministre des finances, ne peut avoir la prétention de voir consacrer toutes les idées, toutes les thèses en faveur desquelles il a travaillé et lutté. Eh bien, à ces concessions, sachons nous y résigner. Le patriotisme nous en fait un devoir. Eh ! faisons-le largement, sans arrière-pensée, afin que l'œuvre nouvelle, scellée la main dans la main, ressemble à celle d'autrefois et assure le bien de la patrie. » M. Woeste, chef des conservateurs, déclara qu'étant opposé à l'introduction du suffrage universel, il ne pouvait le voter même avec les tempéraments proposés. La question de confiance posée par le ministère déterminerait, sans doute, le plus grand nombre de ses amis, mais l'orateur s'abstiendrait au scrutin. M. Bara, l'ancien ministre de la justice du cabinet Frère-Orban, protesta contre la façon dont la discussion avait été conduite ; d'après les doctrinaires, au lieu de reprendre les propositions de revision, il aurait fallu, en face de l'agitation grandissant, proroger les Chambres jusqu'au complet rétablissement de l'ordre. M. Féron et M. Janson adressèrent à la gauche modérée le reproche de s'être confinée, durant toute l'affaire de la revision, dans une opposition irréductible que l'absence de toute formule précise, émanant du groupe, rendait absolument inexplicable. L'extrême gauche, au contraire, avait inscrit dans son programme le suffrage universel : la proposition Nyssens, en consacrant le principe, permettait aux masses ouvrières de se faire représenter au Parlement par des hommes sortis de leur sein, les progressistes la voteraient donc, afin d'assurer cette première victoire. Toutes les œuvres humaines sont perfectibles et, dans l'avenir, les correctifs apportés au principe subiront des atténuations, mais, pour le moment, le projet donne satisfaction complète à la gauche avancée et les deux orateurs du groupe politique se portent dès maintenant garants, tant en leur nom qu'au nom des principaux chefs du parti socialiste, que le calme sera immédiatement rétabli dans toute la Belgique, si la proposition trouve une sanction dans le vote de la Chambre. Le texte de la commission fut mis aux voix, après un dernier discours de M. Frère-Orban. La proposition réunit la majorité constitutionnelle.

Voici les chiffres de ce scrutin mémorable dans l'histoire de la Belgique :

145 membres y prennent part.

119 répondent oui.

14 répondent non.

12 s'abstiennent.

Les voix défavorables au projet sont celles du groupe de M. Frère-Orban. Parmi les abstentions constatées, on trouve celles de MM. de Smet de Nayer et Woeste (1). Les masses ouvrières

(1) Malgré cette abstention au scrutin du 18 avril, M. de Smet de Nayer doit être rangé au nombre des auteurs de la revision; pendant la session de 1893, il a été le rappor-

firent honneur à la promesse, affirmée en leur nom, par les orateurs progressistes ; l'ordre se rétablit dans le pays très rapidement et, quelques jours après le vote du 18 avril, le ministère renvoyait les deux classes de milices convoquées pour assurer la sécurité publique et le respect des propriétés dans les centres ouvriers.

La proposition du député de Louvain a été votée sous l'empire de sentiments très divers. Sans mettre en doute l'indépendance d'appréciation et la sincérité des convictions des représentants, on reconnaîtra que la détermination prise par le gouvernement de poser la question de confiance sur la formule du vote plural et l'agitation des masses ouvrières devenue de jour en jour plus menaçante, pour l'organisation constitutionnelle du pays, ont puissamment contribué à l'adoption du texte proposé.

teur des projets sur l'article 47 à la Commission des XXI et le rapporteur du projet sur la caducité des propositions législatives, en cas de dissolution. Il s'est consacré à sa tâche avec une ardeur qui ne s'est jamais démentie.

Au point de vue parlementaire, le projet se présentait aux yeux des membres de la Chambre avec ce caractère transactionnel, qui permettait à chacun d'eux de retrouver, dans la formule, les côtés les plus apparents du système électoral auquel ils s'étaient attachés ; au point de vue humain, le projet s'offrait comme un moyen de sortir honorablement d'une situation rendue inextricable par la composition de l'assemblée et les exigences de l'article 131 de la Constitution, et dont il importait cependant de sortir, pour la bonne renommée du régime parlementaire en Belgique. Mais il ne faudrait pas croire que la proposition du vote plural soit, dans sa forme et dans son idée, le résultat d'une improvisation originale de la part d'un député. L'impression qui se dégage pour nous de l'étude des faits relatifs à la revision belge est la suivante : le pays, dans sa généralité, ne réclamait pas le suffrage universel ; pas plus qu'en 1846, la France désirait le voir introduire dans son organisation politique. C'est à la longue, au cours des discussions sur les formules hybrides des différents députés, à la faveur des meetings socialistes, que l'idée s'est introduite, propagée. En 1890, l'extrême gauche en était à la formule, soutenue en 1892 et 1893, par M. Graux, c'est-à-dire au suffrage universel avec exclusion des illettrés et des assistés. Plus tard, elle s'attacha au système dénommé, dans les documents parlementaires, le suffrage généralisé. La majorité de l'assemblée partait du même point de vue que nous : du moment que le pays ne réclamait pas l'admission aux urnes de tous les citoyens belges, il suffisait de trouver un régime électoral établi sur une base moins exclusive que celle de l'article 47, afin d'augmenter, dans une large proportion, le nombre des citoyens admis aux scrutins politiques. Trois années de discussions en commissions et en séances publiques démontrèrent l'impossibilité de mettre les deux tiers de l'assemblée d'accord sur une formule. Dès lors, on renversa le raisonnement; la solution changea, mais les données du problème restèrent les mêmes. A défaut d'un droit de suffrage, fondé sur la valeur personnelle, sur les facultés sociales de ceux qui seraient appelés à émettre des votes, on adopta le suffrage de tous, quitte à différencier les votes, dans leur importance numérique. Telle est l'analyse théorique et spéculative du nouvel article 47; voilà comment cette idée du vote plural, si complexe et si anormale à nos yeux, se justifiait devant le Parlement belge. La théorie n'a pas été inventée pour les besoins de la cause, sous le coup du rejet successif des formules électorales dans les séances des 11 et 12 avril, dans un suprême effort des imaginations parlementaires aux abois; non, elle date des premières études sur la revision constitutionnelle, et nous en trouvons la preuve dans les premières communications du ministère Beernaert. L'idée n'était pas fouillée, elle était seulement en germe, et indiquée comme une réserve bonne pour l'avenir.

III

ORGANISATION DU SÉNAT

Le Sénat belge, tel qu'il a été compris et institué par le Congrès national de 1831, ne rencontre son pendant dans l'organisation constitutionnelle d'aucun autre pays. La création d'une seconde Chambre soulevait de nombreuses protestations, et une fois le principe admis, les Constituants n'en éprouvèrent que plus de difficultés, à définir les bases du recrutement des membres qui composeraient l'assemblée. L'investiture royale fut écartée, comme contraire aux principes démocratiques, les partisans de l'élection au second degré ne purent grouper une majorité sur une formule de leur choix et, dans l'impossibilité de s'entendre, on remit au même collège électoral la nomination des sénateurs et des députés. Le Congrès exigea seulement de la part des sénateurs des conditions d'éligibilité rigoureuses, dont on se départit pour les représentants. Il fallait avoir 25 ans pour entrer à la Chambre, tandis que l'âge de 40 ans et le paiement de 1,000 florins d'impôts directs furent stipulés comme conditions de l'admission au Sénat. Pour tout dire d'un mot, le Congrès national craignait les dangers d'instabilité et d'abus de pouvoir résultant de l'existence d'une Chambre unique ; il créa le Sénat non pas comme un fait d'organisation politique mais comme un rouage utile à la marche prudente et sûre de l'action législative. L'une des Chambres devait s'inspirer des idées de progrès et de mouvement, l'autre devait s'attacher à maintenir les principes conservateurs ; l'une devait donner l'impulsion législative, l'autre servirait à en régler le fonctionnement. A défaut de toute autre institution analogue dans les monarchies constitutionnelles ou dans les républiques de notre époque, nous trouverions la trace des mêmes préoccupations et des mêmes visées, dans la troisième organisation constitutionnelle que la Convention ait élaborée, pour notre pays, la Constitution du 5 fructidor an III, avec ses deux Conseils des Cinq-Cents et des Anciens. Une pareille conception du rôle de la seconde Chambre — nous hésitons à dire la Chambre haute, car le texte constitutionnel lui-même a soin de réserver au Sénat le dernier rang dans l'ordre des facteurs concourant à l'action législative — devait nécessairement amener les Constituants de 1831 à établir une égalité absolue entre les deux assemblées issues du même corps électoral; élues le même jour et renouvelables l'une et l'autre par moitié, on ne pouvait songer à créer, entre elles, des différences au point de vue des droits, des prérogatives et de l'autorité. Le Sénat peut être dissous, comme la Chambre des représentants, et le rôle particulier de modérateur, que le Congrès national lui a assigné, tient uniquement à la différence, dans les conditions d'éligibilité de ses membres, formulées par l'acte fondamental de la Belgique. Le mouvement revisionniste dirigé plus spécialement contre l'article 47, relatif à l'électorat de la Chambre, devait atteindre le Sénat, par voie de conséquence. Il convenait de comprendre dans la déclaration de revision les articles 53 et 56, tout au moins pour faciliter l'œuvre des Chambres constituantes et leur permettre de mettre l'organisation du Sénat en rapport avec la nouvelle formule de l'électorat politique. Une disposition, dans tous les cas, ne pouvait être maintenue, c'est celle du cens d'éligibilité. La condition du paiement de 1,000 florins d'impôts directs avait pour résultat d'écarter de l'assemblée des hommes d'élite, dont les titres à représenter leurs concitoyens étaient indiscutables. Le Congrès national lui-même taxait d'exagération son chiffre en admettant par l'article 56 (ancien), que « dans les provinces où la liste des citoyens payant 1,000 florins d'impôts directs n'atteindrait pas la proportion de 1 sur 6,000 âmes de population, elle serait complétée par les plus imposés de la province jusqu'à concurrence de 1 sur 6,000 ». Et en fait, dans toutes les provinces, il fallait appliquer ce dernier paragraphe de l'article sur l'éligibilité. Aux articles 53 et 56, le gouvernement proposa d'ajouter, en vue de la revision, les articles 54 et 58. Ce dernier article fut revisé; la qualité de sénateur à l'âge de 18 ans se trouve conférée, aujourd'hui, non plus seulement à l'héritier présomptif du Roi, mais encore à tous les fils du Roi, et à leur défaut, aux princes belges de la branche de la famille royale appelés à régner. L'article 54 a été également modifié par les Chambres constituantes de 1893, sans qu'elles aient partagé les vues du ministère, soit quant au nombre des sénateurs, soit au point de vue du mode de leur nomination. La disposition, qui prive de tout traitement ou indemnité les membres du Sénat (article 57), reposait sur une présomption de fortune justifiée par le cens d'éligibilité de 1,000 florins. Le ministère fit comprendre cet article dans la déclaration de revision. Mais les votes des Chambres constituantes sur le nouvel article 56, en maintenant comme condition d'éligibilité le paiement d'un impôt assez élevé, enlevèrent le prétexte allégué en faveur de l'égalité, à ce point de vue spécial, entre les sénateurs et les représentants.

L'institution du Sénat, très sérieusement combattue en 1831, ne fut pas mise en cause lors de la revision constitutionnelle de 1893. L'extrême gauche affirma, à propos de la nomination des sénateurs, des préférences parfaitement conformes aux grandes lignes de sa politique, dans la question de l'électorat ; mais son opposition, si obstinée qu'elle ait paru à certains moments à l'égard de plusieurs systèmes proposés comme des pis-aller, ne peut cependant être admise, comme l'indice manifeste du désir secret du parti d'arriver à l'unité d'assemblée législative. Un incident, qui s'est produit dans les premiers jours du mois de juillet 1893, c'est-à-dire en pleine période revisionniste, nous permet de juger de l'attitude du parti socialiste. M. Volders, directeur politique du journal *le Peuple*, avait, paraît-il, adressé une formule électorale à M. Beernaert : il proposait de répartir les électeurs sénatoriaux en trois groupes, les censitaires, les diplômés et le troisième groupe réunissant les électeurs à la Chambre non compris dans les deux premiers. M. Volders, vivement attaqué par *la Réforme* et traduit à la barre du parti ouvrier, cessa, pendant quelques jours, d'être à la tête de l'organe socialiste, à la suite de l'ordre du jour voté par la fédération bruxelloise du parti ouvrier. L'assemblée reprenait le programme du Congrès de Namur de mai 1892, en repoussant toute idée de Sénat ou d'assemblée équivalente basée sur le privilège, en affirmant le principe d'une

Chambre unique, tout en admettant, à titre temporaire, l'utilité « d'organisations spéciales, composées des représentants des grandes fonctions sociales, que l'on consulterait pour l'élaboration des lois. »

Au sujet de l'organisation à donner au Sénat, le chef du cabinet affirma, dès le début de la procédure revisionniste, des idées très précises et très personnelles. Tous les hommes politiques, tous les écrivains étaient d'accord pour reconnaître que le Sénat belge, tel qu'il avait été institué par le Congrès national, ne pouvait être qu'une doublure de la Chambre des représentants. Elu le même jour que la Chambre, par le même collège électoral, sous l'impression des mêmes événements, comment le Sénat pouvait-il dénoter des inspirations, des tendances, des préoccupations différentes de celles de la Chambre. Pendant ses soixante années d'existence, l'ancien Sénat ne s'est jamais trouvé en conflit sérieux avec l'autre assemblée législative de la Belgique, et cette constatation n'a rien qui doive nous surprendre. A vrai dire, le Sénat ne révélait aucun des caractères permettant de reconnaître une assemblée réellement distincte de celle des représentants. Le ministère aurait voulu donner au Sénat une organisation assez forte, assez spéciale, en même temps, pour qu'il puisse emprunter, à sa nouvelle formation, une physionomie particulière. Jamais il n'est entré, dans la pensée du gouvernement, d'en faire une assemblée aristocratique ou d'institution royale ; les esprits politiques, les mieux disposés envers le Sénat, n'ont jamais songé à faire de lui un centre de résistance aux grands courants de l'opinion publique. Mais M. Beernaert redoutait les abus de l'autorité d'une Chambre unique et ces abus étaient plus à craindre, sous le nouveau régime électoral, que sous l'ancien. Les premières communications officielles du ministère nous donnent toute la pensée du chef du gouvernement. M. Beernaert se proposait de réorganiser le Sénat, sur la base de la représentation des intérêts. C'est une idée, qui lui était chère ; il voyait dans une assemblée législative composée suivant cette formule électorale, « *le frein et le contre-poids* » à opposer à l'action des représentants. Le ministre des finances nous explique, dans un de ses discours, la raison historique de ses préférences. Les idées de groupement, par catégories d'intérêts, étaient très en faveur, dans l'organisation représentative des anciennes cités flamandes et, d'après M. Beernaert, si le courant des idées égalitaires et individualistes ne s'était pas répandu dans les Pays-Bas, à la suite de l'occupation française en 1792, c'est dans le groupement des intérêts le mieux caractérisé, que les institutions locales auraient puisé leur développement naturel. Cet argument méritait d'être noté au passage (1). En France, nous sommes fort peu

---

(1) V. Discours de M. Beernaert du 1er mars 1893, à l'ouverture des débats sur la revision. Ann. parl., p. 810. V. aussi discours sur l'organisation du Sénat, en mai : Dix li-

familiarisés avec cette théorie de la représentation par intérêts, et nous croyons bon de citer *in extenso* un passage du remarquable rapport de M. Mélot, député de Namur, sur les articles du Sénat soumis à la revision. Les arguments, pour et contre le système préféré du gouvernement, sont résumés avec une grande précision et avec une sobriété de langage digne d'être signalée. (1) Mais le ministre

---

gnes, environ, dans chacun de ces discours sur cette idée si curieuse au point de vue de l'histoire politique et sociale; et c'est tout. On regrette l'absence de développements.

(1) *Extrait du rapport présenté par M. Mélot, au nom de la commission de revision des articles 53, 54, 56, 57 et 58 de la Constitution.* (Séance du 24 février 1893).

« Ce n'est pas que le système de M. Helleputte et celui de M. Feron se confondent. Dans la pensée de ce dernier (ses autres propositions en font foi), la Chambre des représentants continuerait à être élue par des corps électoraux, formés par divisions territoriales ; seul, le Sénat serait le produit de la représentation des intérêts. Ainsi les deux principes d'après lesquels, selon certains sociologues, la vie des peuples se développe donneraient naissance à deux Chambres qu'ils animeraient de leur esprit. D'un côté, tous les citoyens, groupés suivant les

10

des finances ne se faisait pas d'illusions sur le sort réservé à ses idées favorites ; très séduisantes, en théorie, elles étaient d'une mise en application difficile. Il y a plus. Beaucoup de représentants tenaient à conserver au Sénat ce caractère de Chambre de second plan, dans l'ordre des pouvoirs législatifs. Au cours des débats publics, une proposition, fondée sur la représentation des intérêts, fut déposée par M. Feron, de la gauche avancée, et M. Helleputte, de la droite ; au scrutin du 22 juin, elle n'obtint que 98 voix. La majorité de la droite et les doctrinaires étaient hostiles à ce régime électoral.

---

circonstances de la vie locale, agissant individuellement, s'inspirant de leurs aspirations politiques, choisiraient les membres de la première Chambre. La mission de celle-ci serait « d'examiner les questions au point de vue de l'intérêt général commun, qui domine les intérêts particuliers ; elle défendrait l'intérêt général contre la coalition possible de plusieurs intérêts particuliers. Mais les citoyens n'appartiennent pas seulement aux groupements politiques divers d'un pays : commune, province, nation ; ils appartiennent aussi à un ordre

Lorsque le gouvernement fut appelé, le 31 décembre 1892, à se prononcer officiellement au sujet de l'organisation nouvelle à donner du Sénat, il fit abstraction de ses vues personnelles et il proposa de faire nommer les sénateurs par les citoyens qui seraient appelés, en vertu du futur article 47, à élire les députés, en excluant toutefois des listes électorales les citoyens âgés de moins de 35 ans. C'est le système qu'au cours des débats parlementaires on a désigné sous l'appellation chirurgicale de système de l'*amputation*. Dans le projet ministériel, le nom-

---

de travail ou de culture sociale, à une fonction sociale ; groupés suivant ces diverses situations, ils participeraient à l'élection des membres de la seconde Chambre, en fixant leurs regards surtout sur l'intérêt de la fonction qu'ils exercent. Et le rôle de cette seconde Chambre consisterait « d'une manière prédominante, dans l'examen des intérêts spéciaux et aboutirait, au besoin, à une conciliation par des transactions et des concessions réciproques. »

Le sort réservé par votre commission à ce projet ne pouvait être douteux. Elle avait repoussé, à bre des sénateurs et les conditions d'éligibilité devaient être définis par la loi électorale et non par le texte constitutionnel. On devait simplement stipuler à l'acte fondamental du pays que le Sénat serait au moins égal à la moitié de la Chambre et que l'accès de la seconde Chambre ne serait plus un privilège des citoyens fortunés. La loi électorale définirait les catégories d'éligibles à raison des situations occupées. La commission des XXI présenta plusieurs rapports sur l'organisation du Sénat ; elle se rallia au système du gouvernement. L'idée du Congrès national

---

l'article 47, le suffrage universel ; il ne paraissait pas possible qu'elle l'acceptât à l'article 53 ; elle avait condamné le système de la représentation des intérêts appliqués à l'élection de deux Chambres ; il semblait plus difficile encore de l'admettre pour l'élection du Sénat seulement. On ne parvient pas, en effet, aisément à comprendre pourquoi le système, s'il est bon, serait exclusivement réservé au Sénat ; qu'attend-on de l'application de ce principe ? Sans doute qu'il combatte, qu'il atténue l'influence brutale du nombre ; mais cette action bienfaisante trouverait assurément son emde 1831 survit à son œuvre. L'institution du Sénat va se perpétuer, non pas avec le caractère d'un contrepoids destiné à balancer l'influence envahissante des représentants, mais comme assemblée destinée à jouer un rôle purement modérateur dans l'œuvre de l'élaboration des lois. Sous la formule électorale de l'amputation, se dessinent très nettement les tendances, à la fois démocratiques et conservatrices, du peuple belge. Nous tenons à le répéter ici : la revision constitutionnelle de 1893 a été poursuivie dans une pensée essentiellement conservatrice. Tout en sauvegardant la

ploi utile dans l'élection de la Chambre des représentants comme dans l'élection de l'autre Chambre? Par quelle opération délicate de l'esprit le citoyen appelé à choisir, le même jour peut-être, ses mandataires aux deux assemblées, parviendra-t-il à s'abstraire dans une élection des considérations qui l'auront guidé dans l'autre ? En outre, quel irréconciliable antagonisme n'aura-t-on pas fait naître entre les deux assemblées, si l'on réussit à les pénétrer, dans l'examen des problèmes sociaux, d'un esprit différent ! Car les mêmes problèmes sociaux s'offriront nécessairement aux prédominance de l'assemblée élue du suffrage direct et populaire et les principes séculaires, en Belgique, de libre représentation, les Constituants de 1893 se sont efforcés de donner des gages aux aspirations conservatrices du pays. L'une des garanties cherchées réside dans les dispositions relatives à l'âge exigé des citoyens, pour leur admission aux scrutins politiques. L'article 47, sur l'électorat de la Chambre, a relevé la condition d'âge de 21 à 25 ans. Lors de la discussion sur le Sénat, l'extrême gauche tenait pour le système, qui remet la nomination des membres des deux assemblées législatives

---

délibérations des deux Chambres ; les mêmes intérêts sociaux réclameront, des deux côtés, des décisions ; les examinera-t-on, dans les deux enceintes, à deux points de vue différents ? Ce sera la guerre! Partira-t-on au contraire du même point de vue, c'est-à-dire de la considération des multiples intérêts sociaux, tant en eux-mêmes que dans leur conciliation et leur harmonie mutuelle ? Dans ce cas, la représentation des intérêts devient un vain mot. Ces objections viennent s'ajouter aux motifs qui ont déterminé la commission à repousser la théorie de M. Helleputte ; un de ces motifs (il suffirait à

aux mêmes citoyens ; ce n'était pas faire brèche à cet article de son programme que d'adopter le système de la représentation des intérêts, puisque, dans l'un et l'autre cas, pour le Sénat comme pour la Chambre, les mêmes personnes auraient été appelées aux urnes, mais suivant des groupements différents, professionnels dans un cas, territoriaux dans l'autre. Battus sur cette formule électorale, les progressistes luttèrent contre le système de l'amputation ; la dernière concession admise, par la majorité, fut la réduction à 30 ans du maximum de la condition d'âge, à insérer dans la loi électorale. Sur la question d'âge de l'électorat au Sénat, le parti catholique se montra toujours très uni pour repousser les prétentions des deux groupes de gauche. Les libéraux modérés auraient suivi le gouvernement dans sa pensée d'organiser un Sénat fort et

---

lui seul) est l'impossibilité pratique de réaliser, dans les conditions actuelles de notre état social, le système de la représentation des intérêts. »

aux tendances distinctes de celles de la Chambre. Ce groupe politique voulait l'élection à deux degrés, quelque chose d'analogue à notre loi du 8 décembre 1884. Mais il ne semble pas que tous les membres du parti se soient mis d'accord pour choisir, une bonne fois, entre les deux systèmes de suffrage à deux degrés admissibles, l'élection des sénateurs par les conseils provinciaux ou l'élection par des élus du corps électoral de l'article 47, spécialement désignés en vue de la nomination des membres de la seconde Chambre.

La discussion en séance publique sur les propositions de revision des articles de la Constitution, relatifs au Sénat, a duré plus longtemps encore que la discussion sur l'article 47. Si l'on ne tient pas compte des quelques séances consacrées au vote des articles 1, 36, 48, 60 et 61 revisés sur des points de détail et en dehors de préoccupations politiques bien définies, on arrive à constater que l'organisation du Sénat a coûté trois mois de séances et de travail parlementaire aux deux assemblées constituantes, issues des élections de 1892. L'étude de cette discussion est presqu'inextricable ; elle nous a paru fastidieuse, pénible même, et nous doutons fort que, dans l'avenir, soit en Belgique, soit à l'étranger, on éprouve un intérêt quelconque à suivre les détails de la lutte entre les partis politiques, pendant l'été de 1893. L'histoire de la revision de l'article 47 nous rappelle une journée dans laquelle la Chambre rejeta successivement toutes les propositions dont on l'avait saisie; mais, au moins, cette journée ne s'est pas achevée, sans que le dépôt de la proposition Nyssens, devenue le texte du nouvel article de la Constitution, n'ait eu lieu; au cours de la discussion sur les propositions du Sénat, ce n'est pas une fois, mais bien trois ou quatre fois, que l'assemblée s'est trouvée en face d'une situation décevante. M. Beernaert a manifesté à plusieurs reprises l'intention de se démettre du pouvoir.

Nous nous rendons compte du sentiment de découragement éprouvé par le chef du cabinet en présence des votes successifs de la Chambre et de l'attitude des partis. Qu'on nous passe l'expression, si le jeu en avait valu la chandelle, nous aurions admis les votes négatifs émis par les groupes politiques. Le but principal de la revision constitutionnelle était atteint, depuis le vote de l'article 47; l'abstention n'était plus de mise, surtout après les concessions du gouvernement et le rejet par la Chambre du système de la représentation des intérêts. Le débat se poursuivait sur des différences de rédaction, difficiles à percevoir à la lecture du texte, et nous n'avons pas appris que, sous ces rédactions diverses, se soient dissimulées de très graves conséquences, pour la composition du Sénat futur. Le 22 juin fut une première journée de scrutins. Quatre propositions furent rejetées successivement; la Chambre écarta le système de l'unité de corps électoral, par 114 voix contre 16 et 6 abstentions, le système de la représentation des intérêts (formules Feron et Helleputte) par 98 voix contre 28 et 10 abstentions, le projet de l'élection à deux degrés, soutenu par les doctrinaires, et enfin le projet de la droite, qui consistait à faire élire les sénateurs par les citoyens âgés de 35 ans. Une difficulté d'interprétation du texte constitutionnel faillit aggraver les rapports entre le gouvernement et l'extrême gauche. On se préoccupait des conséquences du rejet de toutes les propositions sur l'article 53; en cas de nouvelles élections, le gouvernement ferait-il élire les sénateurs suivant l'ancien article 47; ou suivant le nouveau, telle fut la question que l'on s'avisa de poser à M. Beernaert? Le but des interpellateurs était peut-être moins d'obtenir une affirmation conforme à leurs vues, que de démasquer une tactique parlementaire. La question se trouva tranchée quand, en recherchant dans les *Annales parlementaires*, on découvrit que l'article 53 avait été voté par le Congrès avant l'article 47; l'unité de corps électoral apparaissait donc comme la préoccupation essentielle des rédacteurs de la Constitution.

A la suite de réunions de la majorité des deux Chambres, tenues sous la présidence de M. t'Kint de Roodenbeke, président du Sénat, il fut entendu que l'on tenterait un nouveau scrutin sur le système de l'amputation. Le 6 juillet, la proposition de M. de Smet de Nayer ne réunit plus que 84 suffrages contre 53. Comment pouvait-on espérer obtenir le quorum, sans offrir de concessions à la gauche? Les doctrinaires, partisans de l'élection à deux degrés avec corps électoral unique, ne devaient pas plus voter la proposition que les progressistes assez disposés, depuis quelque temps, à tout rejeter pour remettre en cause l'ancienne organisation du Sénat, conservée dans le texte constitutionnel, à la faveur d'une reprise de la campagne revisionniste. De son côté, M. Woeste laissait ouvertement apparaître le mécontentement que lui causait le rejet des propositions de la droite présentées par M. de Smet de Nayer. Le 18 avril, lors du scrutin sur la formule de l'électorat politique, M. Woeste avait refusé de se joindre au gros de la majorité conservatrice; son aversion, pour l'œuvre de la revision constitutionnelle dans son ensemble, éclata au grand jour, lorsqu'il annonça, à qui voulait l'entendre, que désormais aucune proposition sur l'organisation du Sénat ne trouverait crédit devant lui. Pendant 48 heures, au moins, il pratiqua ce que l'on a appelé *la politique de la bouderie.*

Heureusement pour l'œuvre entreprise, ces tendances, si peu conciliantes, exprimées des deux côtés de l'assemblée, ne durèrent pas; la Chambre décida que l'on se mettrait en quête d'une formule de transaction. Les XXI reçurent mission de présenter un nouveau rapport, qui porterait, à la fois, sur la revision des articles 53, 54 et 56, ce dernier ayant été laissé complètement dans l'ombre, au précédent rapport de M. Mélot. Pendant les travaux de la commission, la Chambre occupa ses séances à reviser l'article 1 de la Constitution, en vue de l'acquisition et de l'administration des colonies, — nous devons lire du Congo belge; l'article 52, sur le traitement des députés; enfin, l'article 36, pour dispenser les membres des deux Chambres, devenus ministres, de solliciter de leurs électeurs le renouvellement de leur mandat législatif. Le 20 juillet, on espéra rallier les voix de la gauche, en offrant, à cette fraction de l'assemblée, la réduction de 35 à 30 ans de la condition d'âge à exiger des citoyens pour leur inscription sur les listes, en qualité d'électeurs sénatoriaux. « Pourquoi pas à 26 ans », s'écria un membre du parti doctrinaire, et la proposition de MM. Dohet et Nothomb fut dédaigneusement repoussée par la gauche ; mais, quelques jours plus tard, catholiques et libéraux avancés trouvèrent un terrain d'entente. D'après le texte constitutionnel, les députés et les sénateurs tiendraient, en principe, leurs pouvoirs du même collège électoral, mais la loi pourrait stipuler que les électeurs, ayant atteint l'âge de 30 ans, seraient seuls admis aux scrutins pour la désignation des membres de la seconde Chambre.

Voici le texte voté dans la séance de la Chambre du 25 juillet; nous nous empressons d'ajouter que tel ce texte a été voté par les représentants, tel il figure à la Constitution revisée de la Belgique :

ART. 53. — *Le Sénat se compose :*

1° De membres élus à raison de la population de chaque province, conformément à l'article 47. Toutefois la loi peut exiger que les électeurs soient âgés de 30 ans accomplis. Les dispositions de l'article 48 sont applicables à l'élection de ces sénateurs ;

2° De membres élus par les conseils provinciaux au nombre de deux par province ayant moins de 500,000 habitants, de trois par province ayant de 500,000 à un million d'habitants, et de quatre par province ayant plus d'un million d'habitants.

ART. 54. — *Le nombre des sénateurs élus directement par le corps électoral est égal à la moitié du nombre des membres de la Chambre des représentants.*

L'article 47 de la Constitution dissimule, sous sa rédaction, une idée très simple et en quelque sorte doctrinale, celle du suffrage différentiel. Sous le texte de l'article 53, on ne trouve rien de pareil, l'idée théorique fait défaut. Lorsque MM. Visart et de Smet de Nayer combinèrent leurs efforts pour élaborer la proposition qu'ils soumirent à la Chambre, ils n'eurent d'autre préoccupation que celle de donner à tous les groupes politiques une satisfaction; si la majorité des deux tiers a été obtenue, la raison en est que, toutes les formules d'organisation du Sénat, inspirées par une pensée unique, dominante, ayant été successivement écartées, les députés admettaient la nécessité d'en finir en votant un texte de transaction. Le texte adopté peut être comparé à la lettre d'un compromis. La gauche entendait remettre la nomination des sénateurs aux citoyens appelés, dans les conditions de l'article 47, à élire les députés; elle voulait appliquer l'ancien principe de l'unité de corps électoral, dans toute sa rigueur; la droite, presque tout entière, tenait pour le système de l'amputation, c'est-à-dire de l'élection par tous les citoyens jouissant des droits politiques mais seulement à l'âge de 35 ans. Les Chambres constituantes se sont arrêtées à une moyenne. L'extrême gauche refusa toutefois de voter l'âge de 30 ans, comme disposition d'ordre constitutionnel ; assurément les catholiques, disposant de la majorité simple dans les deux Chambres, feront la loi, suivant leur tempérament politique, ils inscriront l'âge de 30 ans, s'ils le jugent à propos, mais le texte de la Constitution leur interdit de ressaisir, dans la loi électorale, le terrain qu'ils ont dû céder, comme prix de la majorité des deux tiers. Le désaccord entre les divers groupes politiques portait sur un autre point. Parmi les représentants, les uns voulaient l'élection directe, les autres l'élection à deux degrés. Le texte adopté nous révèle la transaction intervenue. Les sénateurs seront élus, dans l'avenir, pour partie directement par le collège électoral de l'art. 47, sous réserve des dispositions de la loi électorale à intervenir, et pour partie par les conseils provinciaux. Et comme le plus grand nombre des membres composant les assemblées constituantes se prononçait pour l'élection directe, la formule proposée à leur sanction par MM. Visart et de Smet de Nayer fit la répartition des sénateurs en deux catégories, dans une proportion telle que la prédominance sera assurée à l'élément issu du suffrage direct. Les sénateurs, élus directement, atteindront en nombre la moitié de la Chambre des représentants, c'est-à-dire qu'ils disposeront de 75 sièges environ, tandis que les sénateurs désignés par les conseils provinciaux, d'après les prévisions du rapporteur de la proposition, ne dépasseront pas le nombre de 26.

Quelle fut l'attitude du gouvernement pendant ces interminables discussions sur l'organisation nouvelle du Sénat ? Dès le début de la procédure revisionniste, le cabinet s'était prononcé en faveur d'un système électoral reposant sur la représentation des intérêts, tout en déclarant qu'à défaut de ce système, il se rallierait à l'élection à deux degrés. Dans les commissions, on s'aperçut que la majorité catholique inclinait vers l'unité du corps électoral, sauf à exiger des citoyens une majorité spéciale de 35 ans pour l'élection des sénateurs. Le ministère ne s'obstina pas dans ses préférences. Lors du projet du 31 décembre 1892, il suivit l'ordre d'idées indiqué par la majorité des membres des deux commissions, il proposa l'amputation en conservant, au fond, le désir non dissimulé de reprendre la formule de la représentation des intérêts, si la majorité des deux tiers n'était acquise à aucune autre proposition. Au cours des discussions publiques, on vit la gauche tout entière, et les députés de la droite, appartenant au banc d'Anvers, se grouper autour du principe de l'unité de corps électoral consacré par les votes du Congrès de 1831, vieux en Belgique de soixante années et assez recommandable encore, en 1893, puisque la Chambre s'éloignait de plus en plus de cette idée de faire du Sénat une assemblée assez forte pour contrebalancer, au besoin, les votes de la Chambre des représentants. Le ministère revint au système qu'il indiquait comme subsidiaire, dans sa communication du mois de mars 1891, il soutint l'élection à deux degrés par les conseils locaux. La vérité est que M. Beernaert, battu sur la conception générale de la seconde Chambre, telle qu'il l'avait développée dans son discours du 1er mars 1893, en ouvrant la discussion générale sur les propositions de revision, se désintéressait de plus en plus de la solution qui interviendrait, non pas de gaieté de cœur, mais parce qu'il se rendait compte de l'état des esprits. L'opposition commente d'une façon plaisante les variations du ministre des finances sur la composition à donner au Sénat ; c'est toujours le même reproche, il aurait fallu déposer un projet de loi et le soutenir, quitte à laisser voter par les Chambres constituantes tels amendements jugés par elles plus conformes aux aspirations du pays. On en conviendra, jamais situation parlementaire n'a condamné plus expressément une politique arrêtée, personnelle, exclusive chez un gouvernement. Les opinions des hommes de partis les plus autorisés ne peuvent prévaloir contre des faits, contre des chiffres. Après les scrutins du 22 juin et du 5 juillet, il fallait renoncer à l'espoir d'aboutir si l'on se refusait à chercher une formule de conciliation. La Chambre des représentants avait tout écarté, projets du gouvernement, de la commission, d'initiative parlementaire ; ce n'était pas au ministère à rédiger la formule de transaction. Les hommes qui, loyalement, sincèrement, ont trouvé le terrain de conciliation en s'inspirant des discussions antérieures, des bruits de couloirs, des affirmations des chefs de partis, ont le mérite d'avoir empêché la revision d'échouer, et l'on aurait mauvaise grâce de reprocher au gouvernement d'avoir fait abstraction de sa personnalité, en tant que facteur politique, pour ne pas entraver, par son intervention, une œuvre qu'il devenait de jour en jour plus difficile à réaliser. Le gouvernement fut entendu lors de l'élaboration, dans les réunions de la droite, de la proposition de MM. Visart et de Smet de Nayer ; plus tard, dans la discussion publique, il intervint pour inviter la majorité conservatrice à voter le texte proposé comme une suprême concession aux revendications de la gauche libérale. N'était-ce pas donner suffisamment l'orientation politique, dans une situation parlementaire qui ne comportait ni direction, ni vues personnelles de la part d'un gouvernement.

La tâche entreprise était loin d'être achevée le 25 juillet. Plus d'un mois s'écoula, avant que l'accord ne s'établît entre les deux partis politiques, et surtout entre les deux assemblées investies du pouvoir constituant. La lutte reprit plus vive, sur la revision de l'article 56, relatif aux conditions d'éligibilité des sénateurs ; on peut même dire qu'elle revêt, dans le dernier mois du travail de la revision, un caractère différent de celui que nous avions constaté, dans les précédentes discussions. L'aigreur, l'irritation sourde s'emparent des esprits : c'est le résultat des concessions réciproques et réitérées que les divers partis avaient dû se faire, pour amener les choses au point où elles en étaient.

Dans une heure de découragement, la Chambre avait eu l'idée de remettre au Sénat l'initiative de la définition de la formule nouvelle à substituer à l'article 53, et d'aborder l'examen de l'article 56. Le ministère s'opposa à ce mode de travail, il affirma la nécessité de conserver, dans la discussion, la connéxité étroite qui doit exister entre la composition d'une assemblée législative et les conditions d'éligibilité des membres, qui en feront partie. La Chambre se laissa convaincre et, dès le 25 juillet, aussitôt après les scrutins sur l'article 53, on se mettait d'accord pour dispenser de toute condition de cens les sénateurs élus par les conseils provinciaux. C'était la part faite aux tendances de la gauche, dans la formule transactionnelle de MM. Visart et de Smet de Nayer. Les auteurs de la proposition, la commission et le gouvernement, étaient en droit d'espérer que la majorité ralliée, à l'occasion du vote de l'article 53, se retrouverait pour adopter toutes les dispositions contenues dans l'article 56. Les articles 53 et 56, tels que la commission les avait rédigés, établissaient un juste équilibre entre les systèmes préférés des divers groupes politiques. A la droite, le plus grand nombre de sénateurs, avec l'élection directe par les citoyens âgés de 30 ans, et à choisir parmi les électeurs payant au moins 1,500 francs d'impôts directs ou propriétaires d'immeubles d'un revenu cadastral de 15.000 francs. A la gauche, les sénateurs élus par les conseils provinciaux, sans autre condition d'éligibilité que l'âge de 40 ans. Les sénateurs, élus directement, maintiendraient, dans la nouvelle assemblée, les tendances religieuses, foncières et conservatrices; les sénateurs nommés au second degré apporteraient l'esprit, tout différent, des centres ouvriers, et la dispense du paiement d'un impôt déterminé permettrait aux conseils locaux de faire porter leur choix sur tels anciens députés, tels professeurs, que le texte de la Constitution de 1831 avait trop souvent exclus du Sénat. La gauche refusa de voter le cens d'éligibilité de 1.500 francs ; la coalition de la droite et de l'extrême gauche était rompue. M. de Burlet, en présence de cette attitude du parti libéral, déclara expressément que la limite des concessions ayant été atteinte par la formule de M. Visart, il ne ferait pas d'autre proposition au Roi. M. Beernaert avait quitté la Chambre, pour aller au Sénat, au moment même où son collègue du cabinet se levait pour prendre la parole. La Chambre s'abstint de tout nouveau vote. A la lecture du texte des projets, le désaccord, cependant, ne paraissait pas très sérieux. La commission proposait de décider que le nombre des éligibles, dans chaque province, serait réglé dans la proportion de un par 5.000 habitants ; M. Houzeau de la Haye, au nom de la gauche, demandait que l'on abaissât ce chiffre à 3.000. Des deux cotés de la Chambre on s'obstina, et la parole fut donnée au Sénat.

Les choses faillirent prendre une tournure autrement grave, sur le refus de la Chambre de sanctionner le chiffre de 1.400 francs au lieu de 1.500, comme condition de l'éligibilité des sénateurs. En présence du rejet des propositions qu'il avait lui-même élaborées, le Sénat affirma son intention d'attendre pour reprendre ses travaux que la Chambre ait elle-même voté un texte. (28 août.) La Chambre convoquée adopta, le 31 août, une proposition de M. Visart de Bocarmé réduisant à 1.200 francs le chiffre de l'impôt exigé et à 1.200 francs le revenu cadastral des propriétés que le candidat au Sénat devrait posséder en Belgique, soit à titre de propriétaire, soit comme usufruitier. Le Sénat émit un vote conforme à celui de la Chambre, le 2 septembre 1893 (1).

Tels sont les faits les plus apparents du travail de revision des articles relatifs à la seconde des Chambres belges. On peut en juger, nous sommes loin du Sénat pondérateur rêvé par le gouvernement, bien loin aussi du Sénat élu par les groupes d'intérêts ou les conseils provinciaux. « Vous vouliez un Sénat conservateur, écrit M. Frère-Orban, en s'en prenant au ministère, et vous n'avez eu qu'un Sénat de hasard, Sénat bizarre s'il en fut, avec des grands et des petits sénateurs ayant des origines différentes, une fraction, la plus considérable, élue par le suffrage universel plural, une autre tenant ses pouvoirs des conseils provinciaux dont l'organisation incertaine est encore abandonnée à la loi. » (2) Le Sénat de 1893 a été organisé sous

(1) Voir le texte définitif de l'article 56 à la Constitution revisée, en fin du volume.

(2) Frère-Orban, *La revision constitutionnelle et ses conséquences*, p. 16.

l'empire des mêmes préoccupations que le Sénat de 1831 ; ils ne procèdent, ni l'un ni l'autre, de vues théoriques nettement définies, ils ne correspondent à rien dans l'équilibre des forces politiques du pays : dans l'avenir comme dans le passé, on pourra dire que le Sénat belge n'est qu'une doublure de la Chambre des représentants. Nous ne souhaitons pas à nos voisins une reprise de la campagne revisionniste ; tel le Sénat a été réorganisé, en 1893, tel ils le conserveront pendant de longues années, il faut l'espérer. Mais les débats ont énervé l'action de cette assemblée ; à ceux qui voudraient tenter de contrecarrer, au sein du Sénat, les revendications politiques affirmées dans l'autre Chambre, on opposerait les discussions de juillet et d'août 1893 ; « vous n'êtes pas, dirait-on aux sénateurs, le frein et le contrepoids conçus par M. Beernaert ; vous n'êtes qu'une Chambre de second rang, et votre rôle est de céder devant les déclarations souveraines des membres de la Chambre des représentants. »

Théoriquement, le Sénat belge n'a pas sa raison d'être; on l'avait soutenu en 1831 et on aurait pu le répéter, l'année dernière. Nous ne voulons pas dire, par là, que l'action de cette assemblée sera nulle. L'influence d'une Chambre se mesure souvent à la valeur des hommes qui la composent. Au point de vue exclusivement législatif, le rôle du Sénat sera fort réduit, il se bornera le plus fréquemment à homologuer, sans réserve, les propositions de lois votées par les députés. Mais, si les membres de la seconde Chambre sont bien choisis, ils emprunteront à leur passé, à leur situation sociale, rehaussée encore par l'éclat d'une élection, une autorité personnelle dont ils pourront largement user, pour le bien du pays.

IV

CONCLUSION

Dans ces quelques pages sur la revision de la Constitution belge, peut-être trop hâtivement écrites, nous nous sommes proposé de rappeler les faits les plus saillants du travail parlementaire auquel on s'est livré, chez nos voisins, pendant près de trois années ; nous nous sommes attaché à définir, en dehors de toute préoccupation politique et sur la foi d'indications puisées aux sources les plus sûres, quelle a été l'attitude des différents groupes du Parlement dans cette question, particulièrement grave pour l'avenir du pays, de la réforme de l'électorat aux assemblées législatives. Peut-être eût-il été sage de s'en tenir à l'exposé pur et simple des événements ; mais notre ambition a grandi à leur étude. Nous avons tenu à grouper les faits, afin d'en apprécier la portée, en nous dégageant autant que possible du point de vue exclusivement français.

Il nous est toujours difficile d'aborder cet ordre de considérations. En France, nous sommes trop généralement disposés à raisonner de ce qui se passe à l'étranger, d'après les souvenirs plus ou moins lointains de notre histoire, et nous éprouvons comme un sentiment intime d'amour-propre national, quand nous pouvons arriver à réduire les aspirations des autres peuples à l'image des nôtres.

Pour les choses de la politique belge, la difficulté est toute particulière, car l'adaptation paraît simple, facile, naturelle. A plusieurs époques de l'histoire, la Belgique a subi le contre-coup de notre influence dans le monde. L'absence de toute barrière géographique entre nos départements du nord et les provinces flamandes ou wallonnes, la communauté de religion, de langue, d'industrie, le développement des rapports économiques et intellectuels entre les deux régions, enfin l'organisation constitutionnelle des deux pays qui paraît sensiblement la même à la lecture des textes, sont des indices purement extérieurs, dont il importe de faire totalement abstraction, pour apprécier sainement la vie politique de nos voisins. Une connaissance plus intime de leurs mœurs politiques nous aurait prémuni contre les écueils de l'entreprise. Quoiqu'il en soit, nous avons tenu à jeter, dans notre étude, quelques analyses et sur l'attitude du ministère belge dans l'affaire de la revision, et sur l'esprit général, dans lequel les propositions revisionnistes ont été présentées, discutées et votées, sur le caractère, enfin, des réformes introduites. Les appréciations sont appuyées sur des faits dont l'exactitude est certaine; mais si nous avions mal vu, mal compris, mal jugé, si nous nous étions trompé dans la conception à donner aux choses, la difficulté de la tâche nous tiendrait lieu d'excuse.

Lorsqu'en 1868, le gouvernement de l'empereur Napoléon III proposa au Parlement français le vote des projets de loi sur la liberté de la presse et sur la liberté de réunion, au vu et au su de tout le monde, il entendait donner par anticipation, à ce pays, une compensation aux charges militaires qu'on exigerait de lui, pour parer aux éventualités de la nouvelle situation politique créée par l'affaire des duchés et l'anéantissement de la puissance autrichienne dans les plaines de Sadowa. Le gouvernement du roi Léopold II cédait-il à des préoccupations parlementaires du même ordre, lorsqu'il insista pendant trois années, auprès de la majorité catholique, pour obtenir le vote d'une réforme électorale destinée à faire reposer la représentation nationale sur une base élargie et véritablement populaire? Ce fut dit, colporté dans un grand nombre de milieux politiques en Europe. On a présenté le roi des Belges comme personnellement favorable au suffrage universel et à l'introduction du service militaire obligatoire. Nous donnons l'affirmation pour ce qu'elle vaut, nous la rappelons uniquement, parce que cette façon d'envisager les réformes accomplies méritait d'être notée, dans le couronnement de notre étude.

La revision constitutionnelle est terminée, la réforme électorale consacrée. Faut-il voir dans les modifications apportées, en 1893, à l'œuvre sortie des délibérations du Congrès national de 1831, une satisfaction donnée aux légitimes aspirations du pays, dont la sincérité avait été démontrée, jusqu'à l'évidence, par un mouvement revisionniste incessant de trente années de durée ? Nous-même, nous avons tenu à rappeler les phases de cette évolution des esprits ; l'histoire des faits antérieurs à 1890 ne nous est pas restée étrangère, nous avons tenu compte de ses enseignements, pour raisonner de l'attitude des deux partis politiques et des articles de leur programme de revision. Le dépôt de plusieurs propositions successives tendant à la réforme de l'article de la Constitution sur l'électorat politique, les manifestations populaires facilitées par les dispositions très larges de la Constitution, sur les droits des citoyens, sont des indices d'une portée indéniable. Nous avons rendu hommage à l'esprit de clairvoyance politique dont M. Beernaert fit preuve, en proposant d'aborder résolument la question de la réforme électorale. Mais n'exagérons rien. La Belgique, sans doute, comme tous les pays de l'Europe, se transforme, sous l'effort des luttes de partis ; chez certains peuples, l'esprit national est aux prises avec l'esprit particulariste ; chez nous, les discussions parlementaires ont tourné longtemps dans le cercle étroit des libertés civiques ou de l'extension des franchises départementales et communales ; en Belgique, la lutte se poursuit sur le terrain des intérêts religieux. Le dissentiment des catholiques et des libéraux s'affirme encore, au sujet de la solution à donner aux problèmes économiques ; mais la question électorale, toujours reléguée au second plan, nous apparaît surtout comme le préliminaire indispensable des hostilités latentes entre les classes sociales. Dans cette première rencontre, les idées nouvelles ont eu gain de cause. Il était facile de le prévoir. Le peuple belge avait donné, depuis 1831, des preuves trop manifestes de sa sagesse politique et de son développement moral, pour qu'on puisse se refuser à l'associer dans une plus large mesure à la direction des affaires publiques. L'œuvre de 1893 est une œuvre de progrès et de concorde ; c'est l'union, loyalement resserrée, entre toutes les forces vives du pays.

L'ancien article 47 ne jurait pas avec les autres dispositions inscrites dans la Constitution de 1831. Les idées de droits politiques et de droits civiques se confondent assez facilement dans les esprits français ; le Congrès national prit soin de souligner la distinction qu'il entendait faire entre les uns et les autres en inscrivant, dans un titre, les attributs inhérents à la qualité du citoyen, et dans un autre, ce qu'il considéra comme devant être l'apanage de certains d'entre eux seulement, le droit de prendre part à la désignation de ceux qui feront les lois. Les nouveaux articles 47 et 53 ne dépareront pas l'ensemble harmonieux édifié par les premiers Constituants de l'Etat belge. Aujourd'hui comme hier, le droit de suffrage reste un droit politique et la Constitution emprunte à la façon dont le vote a été réglé un nouveau trait de sa physionomie, déjà si curieuse. Le vote plural ne se retrouve dans la législation d'aucun autre pays. Le Sénat conserve, malgré tout ce que l'on a proposé et voté, les signes caractéristiques d'une Chambre de second plan, dans toute l'acception du mot. La réforme de 1893 a renoué les traditions nationales de 1831. Les Constituants belges de 1893 ont rejeté comme des importations exotiques, contraires à l'esprit général des institutions de leur pays, le suffrage universel et le referendum. Ils ont voulu perpétuer une œuvre originale, affirmer ainsi une nationalité distincte de celle de leurs voisins, et ils ont réussi.

Paris, avril 1894.

CONSTITUTION REVISÉE

DE LA

BELGIQUE. (1)

(Les articles modifiés par la Constituante figurent en italique.)

TITRE PREMIER

Du territoire et de ses divisions.

ART. 1er (2). — *La Belgique est divisée en provinces.*

Ces provinces sont: Anvers, le Brabant, la Flandre occidentale, la Flandre orientale, le Hainaut, Liège, le Limbourg, le Luxembourg, Namur.

Il appartient à la loi de diviser, s'il y a lieu, le territoire en un plus grand nombre de provinces.

Les colonies, possessions d'outre-mer ou protectorats que la Belgique peut acquérir sont régis par des lois particulières. Les troupes belges destinées

---

(1) Les articles revisés sont extraits du *Moniteur belge* du 9 septembre 1893.

(2) L'article 1er ancien était conçu en ces termes:

« ART. 1er. — La Belgique est divisée en provinces.

« Ces provinces sont: Anvers, le Brabant, la Flandre occidentale, la Flandre orientale, le Hainaut, Liège, le Limbourg, le Luxembourg, Namur, sauf les relations du Luxembourg avec la Confédération germanique.

« Il appartient à la loi de diviser, s'il y a lieu, le territoire en un plus grand nombre de provinces. »

à leur défense ne peuvent être recrutées que par des engagements volontaires.

Art. 2. — Les subdivisions des provinces ne peuvent être établies que par la loi.

Art. 3. — Les limites de l'Etat, des provinces et des communes ne peuvent être changées ou rectifiées qu'en vertu d'une loi.

TITRE II

Des Belges et de leurs droits.

Art. 4. — La qualité de Belge s'acquiert, se conserve et se perd d'après les règles déterminées par la loi civile.

La présente Constitution et les autres lois relatives aux droits politiques déterminent quelles sont, outre cette qualité, les conditions nécessaires pour l'exercice de ces droits.

Art. 5. — La naturalisation est accordée par le pouvoir législatif.

La grande naturalisation seule assimile l'étranger au Belge, pour l'exercice des droits politiques.

Art. 6. — Il n'y a dans l'Etat aucune distinction d'ordres.

Les Belges sont égaux devant la loi; seuls ils sont admissibles aux emplois civils et militaires, sauf les exceptions qui peuvent être établies par une loi pour des cas particuliers.

Art. 7. — La liberté individuelle est garantie.

Nul ne peut être poursuivi que dans les cas prévus par la loi et dans la forme qu'elle prescrit.

Hors le cas de flagrant délit, nul ne peut être arrêté qu'en vertu de l'ordonnance motivée du juge, qui doit être signifiée au moment de l'arrestation ou, au plus tard, dans les vingt-quatre heures.

ART. 8. — Nul ne peut être distrait, contre son gré, du juge que la loi lui assigne.

ART. 9. — Nulle peine ne peut être établie ni appliquée qu'en vertu de la loi.

ART. 10. — Le domicile est inviolable; aucune visite domiciliaire ne peut avoir lieu que dans les cas prévus par la loi et dans la forme qu'elle prescrit.

ART. 11. — Nul ne peut être privé de sa propriété que pour cause d'utilité publique, dans les cas et de la manière établis par la loi et moyennant une juste et préalable indemnité.

ART. 12. — La peine de la confiscation des biens ne peut être établie.

ART. 13. — La mort civile est abolie; elle ne peut être rétablie.

ART. 14. — La liberté des cultes, celle de leur exercice public, ainsi que la liberté de manifester ses opinions en toute matière sont garanties, sauf la répression des délits commis à l'occasion de l'usage de ces libertés.

ART. 15. — Nul ne peut être contraint de concourir d'une manière quelconque aux actes et aux cérémonies d'un culte, ni d'en observer les jours de repos.

ART. 16. — L'État n'a le droit d'intervenir ni dans

la nomination ni dans l'installation des ministres d'un culte quelconque, ni de défendre à ceux-ci de correspondre avec leurs supérieurs et de publier leurs actes, sauf, en ce dernier cas, la responsabilité ordinaire en matière de presse et de publication.

Le mariage civil devra toujours précéder la bénédiction nuptiale, sauf les exceptions à établir par la loi, s'il y a lieu.

Art. 17. — L'enseignement est libre; toute mesure préventive est interdite; la répression des délits n'est réglée que par la loi.

L'instruction publique donnée aux frais de l'Etat est également réglée par la loi.

Art. 18. — La presse est libre; la censure ne pourra jamais être rétablie; il ne peut être exigé de cautionnement des écrivains, éditeurs ou imprimeurs.

Lorsque l'auteur est connu et domicilié en Belgique, l'éditeur, l'imprimeur ou le distributeur ne peut être poursuivi.

Art. 19. — Les Belges ont le droit de s'assembler paisiblement et sans armes, en se conformant aux lois qui peuvent régler l'exercice de ce droit, sans néanmoins le soumettre à une autorisation préalable.

Cette disposition ne s'applique point aux rassemblements en plein air, qui restent entièrement soumis aux lois de police.

Art. 20. - Les Belges ont le droit de s'associer;

ce droit ne peut être soumis à aucune mesure préventive.

Art. 21. — Chacun a le droit d'adresser aux autorités publiques des pétitions signées par une ou plusieurs personnes.

Les autorités constituées ont seules le droit d'adresser des pétitions en nom collectif.

Art. 22. — Le secret des lettres est inviolable.

La loi détermine quels sont les agents responsables de la violation du secret des lettres confiées à la poste.

Art. 23. — L'emploi des langues usitées en Belgique est facultatif; il ne peut être réglé que par la loi et seulement pour les actes de l'autorité publique et pour les affaires judiciaires.

Art. 24. — Nulle autorisation préalable n'est nécessaire pour exercer des poursuites contre les fonctionnaires publics, pour faits de leur administration, sauf ce qui est statué à l'égard des ministres.

TITRE III

Des pouvoirs.

Art. 25. — Tous les pouvoirs émanent de la nation.

Ils sont exercés de la manière établie par la Constitution.

Art. 26. — Le pouvoir législatif s'exerce collectivement par le Roi, la Chambre des représentants et le Sénat.

ART. 27. — L'initiative appartient à chacune des trois branches du pouvoir législatif.

Néanmoins, toute loi relative aux recettes ou aux dépenses de l'État, ou au contingent de l'armée, doit d'abord être votée par la Chambre des représentants.

ART. 28. — L'interprétation des lois par voie d'autorité n'appartient qu'au pouvoir législatif.

ART. 29. — Au Roi appartient le pouvoir exécutif, tel qu'il est réglé par la Constitution.

ART. 30. — Le pouvoir judiciaire est exercé par les cours et tribunaux.

Les arrêts et jugements sont exécutés au nom du Roi.

ART. 31. — Les intérêts exclusivement communaux ou provinciaux, sont réglés par les conseils communaux ou provinciaux, d'après les principes établis par la Constitution.

CHAPITRE PREMIER

DES CHAMBRES.

ART. 32. — Les membres des deux Chambres représentent la nation et non uniquement la province ou la subdivision de province qui les a nommés.

ART. 33. — Les séances des Chambres sont publiques.

Néanmoins, chaque Chambre se forme en comité secret, sur la demande de son président ou de dix membres.

Elle décide ensuite, à la majorité absolue, si la séance doit être reprise en public sur le même sujet.

Art. 34. — Chaque Chambre vérifie les pouvoirs de ses membres et juge les contestations qui s'élèvent à ce sujet.

Art. 35. — On ne peut être à la fois membre des deux Chambres.

Art. 36 (1). — *Le membre de l'une des deux Chambres nommé par le gouvernement à toute autre fonction salariée que celle de ministre et qui l'accepte, cesse immédiatement de siéger et ne reprend ses fonctions qu'en vertu d'une nouvelle élection.*

Art. 37. — A chaque session, chacune des Chambres nomme son président, ses vice-présidents et compose son bureau.

Art. 38. — Toute résolution est prise à la majorité absolue des suffrages, sauf ce qui sera établi par les règlements des Chambres à l'égard des élections et présentations.

En cas de partage des voix, la proposition mise en délibération est rejetée.

Aucune des deux Chambres ne peut prendre de résolution qu'autant que la majorité de ses membres se trouve réunie.

---

(1) L'article 36 était conçu en ces termes :
« Art. 36. — Le membre de l'une ou de l'autre des deux Chambres, nommé par le gouvernement à un emploi salarié qu'il accepte, cesse immédiatement de siéger et ne reprend ses fonctions qu'en vertu d'une nouvelle élection. »

ART. 39. — Les votes sont émis à haute voix ou par assis et levé ; sur l'ensemble des lois, il est toujours voté par appel nominal et à haute voix. Les élections et présentations de candidats se font au scrutin secret.

ART. 40. — Chaque Chambre a le droit d'enquête.

ART. 41. — Un projet de loi ne peut être adopté par l'une des Chambres qu'après avoir été voté article par article.

ART. 42. — Les Chambres ont le droit d'amender et de diviser les articles et les amendements proposés.

ART. 43. — Il est interdit de présenter en personne des pétitions aux Chambres.

Chaque Chambre a le droit de renvoyer aux ministres les pétitions qui lui sont adressées. Les ministres sont tenus de donner des explications sur leur contenu, chaque fois que la Chambre l'exige.

ART. 44. — Aucun membre de l'une ou de l'autre Chambre ne peut être poursuivi ou recherché à l'occasion des opinions et votes émis par lui dans l'exercice de ses fonctions.

ART. 45. — Aucun membre de l'une ou de l'autre Chambre ne peut, pendant la durée de la session, être poursuivi ni arrêté en matière de répression qu'avec l'autorisation de la Chambre, dont il fait partie, sauf le cas de flagrant délit.

Aucune contrainte par corps ne peut être exercée contre un membre de l'une ou de l'autre Chambre pendant la session, qu'avec la même autorisation.

La détention ou la poursuite d'un membre de l'une ou de l'autre Chambre est suspendue pendant la session, et pour toute sa durée, si la Chambre le requiert.

ART. 46. — Chaque Chambre détermine, par son règlement, le mode suivant lequel elle exerce ses attributions.

SECTION I. — *De la Chambre des représentants.*

ART. 47 (1). — *Les députés à la Chambre des représentants sont élus directement dans les conditions ci-après :*

Un vote est attribué aux citoyens âgés de 25 ans accomplis, domiciliés depuis un an au moins dans la même commune et qui ne se trouvent pas dans l'un des cas d'exclusion prévus par la loi.

Un vote supplémentaire est attribué à raison de chacune des conditions suivantes :

1° Etre âgé de 35 ans accomplis, être marié, ou veuf ayant descendance légitime, et payer à l'Etat au moins 5 francs d'impôt du chef de la contribution personnelle sur les habitations ou bâtiments

---

(1) L'article 47 ancien était conçu en ces termes :

« ART. 47. — La Chambre des représentants se compose des députés élus directement par les citoyens payant le cens déterminé par la loi électorale, lequel ne peut excéder 100 florins d'impôts directs, ni être au-dessous de 20 florins. »

occupés, à moins qu'on n'en soit exempté à raison de sa profession ;

2° Etre âgé de 25 ans accomplis et être propriétaire :

Soit d'immeubles d'une valeur d'au moins 2,000 francs, à établir sur la base du revenu cadastral ou d'un revenu cadastral en rapport avec cette valeur ;

Soit d'une inscription au grand-livre de la dette publique ou d'un carnet de rente Belge à la caisse d'épargne, d'au moins 100 francs de rente.

Les inscriptions et carnets doivent appartenir au titulaire depuis deux ans au moins.

La propriété de la femme est comptée au mari ; celle des enfants mineurs, au père.

Deux votes supplémentaires sont attribués aux citoyens âgés de 25 ans accomplis et se trouvant dans l'un des cas suivants :

A. *Etre porteur d'un diplôme d'enseignement supérieur ou d'un certificat homologué de fréquentation d'un cours complet d'enseignement moyen du degré supérieur, sans distinction entre les établissements publics ou privés ;*

B. *Remplir ou avoir rempli une fonction publique, occuper ou avoir occupé une position, exercer ou avoir exercé une profession privée qui impliquent la présomption que le titulaire possède au moins les connaissances de l'enseignement moyen du degré supérieur. La loi détermine ces fonctions, positions et professions, ainsi que, le cas échéant, le temps pendant lequel elles auront dû être occupées ou exercées.*

Nul ne peut cumuler plus de trois votes.

Art. 48 (1). — *La constitution des collèges électoraux est, pour chaque province, réglée par la loi.*

Le vote est obligatoire et a lieu à la commune, sauf les exceptions à déterminer par la loi.

Art. 49. — La loi électorale fixe le nombre des députés d'après la population ; ce nombre ne peut excéder la proportion d'un député sur 40.000 habitants. Elle détermine également les conditions requises pour être électeur et la marche des opérations électorales.

Art. 50. — Pour être éligible, il faut :

1° Etre Belge de naissance ou avoir reçu la grande naturalisation ;

2° Jouir des droits civils et politiques ;

3° Etre âgé de vingt-cinq ans accomplis ;

4° Etre domicilié en Belgique.

Aucune autre condition d'éligibilité ne peut être requise.

Art. 51. — Les membres de la Chambre des représentants sont élus pour quatre ans. Ils sont renouvelés par moitié tous les deux ans, d'après l'ordre des séries déterminé par la loi électorale.

En cas de dissolution, la Chambre est renouvelée intégralement.

Art. 52 (2). — *Chaque membre de la Chambre*

---

(1) L'article 48 ancien était conçu en ces termes :

« Art. 48. — Les élections se font par telles divisions de province et dans tels lieux que la loi détermine. »

(2) Les articles 52 et 53 anciens étaient conçus en ces termes :

« Art. 52. — Chaque membre de la Chambre des représentants jouit d'une indemnité mensuelle de 200 florins pendant toute la durée *des représentants jouit d'une indemnité annuelle de 4.000 francs.*

Il a droit, en outre, au libre parcours sur les lignes des chemins de fer de l'Etat et au parcours gratuit sur les lignes des chemins de fer concédés, du lieu de sa résidence à la ville où se tient la session.

SECTION II. — *Du Sénat.*

ART. 53. — *Le Sénat se compose :*

1° De membres élus, à raison de la population de chaque province, conformément à l'article 47 ; toutefois la loi peut exiger que les électeurs soient âgés de trente ans accomplis. Les dispositions de l'article 48 sont applicables à l'élection de ces sénateurs ;

2° De membres élus par les conseils provinciaux au nombre de deux par province ayant moins de 500.000 habitants, de trois par province ayant de 500.000 à 1 million d'habitants et de quatre par province ayant plus de 1 million d'habitants.

ART. 54 (1). — *Le nombre des sénateurs élus directement par le corps électoral est égal à la moitié du nombre des membres de la Chambre des représentants.*

---

de la session. Ceux qui habitent la ville où se tient la session ne jouissent d'aucune indemnité. »

« ART. 53. — Les membres du Sénat sont élus, à raison de la population de chaque province, par les citoyens qui élisent les membres de la Chambre des représentants. »

(1) L'article 54 ancien était conçu en ces termes :

« ART. 54. — Le Sénat se compose d'un nombre de membres égal à la moitié des députés de l'autre Chambre. »

Art. 55. — Les sénateurs sont élus pour huit ans; ils sont renouvelés par moitié tous les quatre ans, d'après l'ordre des séries déterminé par la loi électorale.

En cas de dissolution, le Sénat est renouvelé intégralement.

Art. 56 (1). — *Pour pouvoir être élu et rester sénateur, il faut :*

1° Être Belge de naissance ou avoir reçu la grande naturalisation ;

2° Jouir des droits civils et politiques ;

3° Être domicilié en Belgique ;

4° Être âgé au moins de 40 ans ;

5° Verser au trésor de l'État au moins 1,200 francs d'impositions directes, patentes comprises ;

Ou être soit propriétaire, soit usufruitier d'immeubles situés en Belgique dont le revenu cadastral s'élève au moins à 12,000 francs.

Dans les provinces où le nombre de ces éligibles n'atteint pas la proportion de 1 sur 5,000 habitants, la liste est complétée par les plus imposés de la province jusqu'à concurrence de cette pro-

---

(1) L'article 56 ancien était conçu en ces termes :

« Art. 56. — Pour pouvoir être élu et rester sénateur, il faut :

« 1° Être Belge de naissance ou avoir reçu la grande naturalisation ;

« 2° Jouir de ses droits politiques et civils ;

« 3° Être domicilié en Belgique ;

« 4° Être âgé au moins de quarante ans ;

« 5° Payer en Belgique au moins 1,000 florins d'impositions directes, patentes comprises.

« Dans les provinces où la liste des citoyens payant 1,000 florins d'impôts directs n'atteint pas la proportion de 1 sur 6,000 âmes de population, elle est complétée par les plus imposés de la province jusqu'à concurrence de cette proportion de 1 sur 6,000. »

portion. Les citoyens portés sur la liste complémentaire ne sont éligibles que dans la province où ils sont domiciliés.

ART. 56 *bis*. — *Les sénateurs élus par les conseils provinciaux sont dispensés de toute condition de cens ; ils ne peuvent appartenir à l'assemblée qui les élit, ni en avoir fait partie pendant l'année de l'élection ou pendant les deux années antérieures.*

ART. 57. — Les sénateurs ne reçoivent ni traitement, ni indemnité.

ART. 58 (1). — *Les fils du Roi ou, à leur défaut, les Princes belges de la branche de la Famille royale appelée à régner sont de droit sénateurs à l'âge de dix-huit ans. Ils n'ont voix délibérative qu'à l'âge de vingt-cinq ans.*

ART. 59. — Toute assemblée du Sénat qui serait tenue hors du temps de la session de la Chambre des représentants est nulle de plein droit.

CHAPITRE II

DU ROI ET DES MINISTRES.

SECTION I. — *Du Roi.*

ART. 60 (1). — *Les pouvoirs constitutionnels du Roi sont héréditaires dans la descendance directe,*

---

(1) Les articles 58 et 60 anciens étaient conçus en ces termes :
« ART. 58. — A l'âge de dix-huit ans, l'héritier présomptif du Roi est de droit sénateur. Il n'a voix délibérative qu'à l'âge de vingt-cinq ans. »
« ART. 60. — Les pouvoirs constitutionnels du Roi sont héréditai-

naturelle et légitime de Sa Majesté Léopold-Georges-Chrétien-Frédéric de Saxe-Cobourg, de mâle en mâle, par ordre de primogéniture et à l'exclusion perpétuelle des femmes et de leur descendance.

Sera déchu de ses droits à la couronne le prince qui se serait marié sans le consentement du Roi ou de ceux qui, à son défaut, exercent ses pouvoirs dans les cas prévus par la Constitution.

Toutefois il pourra être relevé de cette déchéance par le Roi ou par ceux qui, à son défaut, exercent ses pouvoirs dans les cas prévus par la Constitution, et ce moyennant l'assentiment des deux Chambres.

ART. 61 (1). — *A défaut de descendance masculine de Sa Majesté Léopold-Georges-Chrétien-Frédéric de Saxe-Cobourg, le Roi pourra nommer son successeur, avec l'assentiment des Chambres, émis de la manière prescrite par l'article suivant.*

S'il n'y a pas eu de nomination faite d'après le mode ci-dessus, le trône sera vacant.

ART. 62. — Le Roi ne peut être, en même temps, chef d'un autre État sans l'assentiment des deux Chambres.

---

res dans la descendance directe, naturelle et légitime de SA MAJESTÉ LÉOPOLD-GEORGES-CHRÉTIEN-FRÉDÉRIC DE SAXE-COBOURG, de mâle en mâle, par ordre de primogéniture, et à l'exclusion perpétuelle des femmes et de leur descendance. »

(1) L'article 61 ancien était conçu en ces termes :

« ART. 61. — A défaut de descendance masculine de SA MAJESTÉ LÉOPOLD-GEORGES-CHRÉTIEN-FRÉDÉRIC DE SAXE-COBOURG, il pourra nommer son successeur, avec l'assentiment des Chambres, émis de la manière prescrite par l'article suivant.

« S'il n'y a pas eu de nomination faite d'après le mode ci-dessus, le [illegible] vacant. »

Aucune des deux Chambres ne peut délibérer sur cet objet si deux tiers au moins des membres qui la composent ne sont présents, et la résolution n'est adoptée qu'autant qu'elle réunit au moins les deux tiers des suffrages.

Art. 63. — La personne du Roi est inviolable ; ses ministres sont responsables.

Art. 64. — Aucun acte du Roi ne peut avoir d'effet s'il n'est contresigné par un ministre, qui, par cela seul, s'en rend responsable.

Art. 65. — Le Roi nomme et révoque ses ministres.

Art. 66. — Il confère les grades dans l'armée.

Il nomme aux emplois d'administration générale et de relation extérieure, sauf les exceptions établies par les lois.

Il ne nomme à d'autres emplois qu'en vertu de la disposition expresse d'une loi.

Art. 67. — Il fait les règlements et arrêtés nécessaires pour l'exécution des lois, sans pouvoir jamais ni suspendre les lois elles-mêmes, ni dispenser de leur exécution.

Art. 68. — Le Roi commande les forces de terre et de mer, déclare la guerre, fait les traités de paix, d'alliance et de commerce. Il en donne connaissance aux Chambres aussitôt que l'intérêt et la sûreté de l'État le permettent, en y joignant les communications convenables.

Les traités de commerce et ceux qui pourraient grever l'État ou lier individuellement des Belges n'ont d'effet qu'après avoir reçu l'assentiment des Chambres.

Nulle cession, nul échange, nulle adjonction de territoire ne peut avoir lieu qu'en vertu d'une loi. Dans aucun cas, les articles secrets d'un traité ne peuvent être destructifs des articles patents.

ART. 69. — Le Roi sanctionne et promulgue les lois.

ART. 70. — Les Chambres se réunissent de plein droit, chaque année, le deuxième mardi de novembre, à moins qu'elles n'aient été réunies antérieurement par le Roi.

Les Chambres doivent rester réunies chaque année au moins quarante jours.

Le Roi prononce la clôture de la session.

Le Roi a le droit de convoquer extraordinairement les Chambres.

ART. 71. — Le Roi a le droit de dissoudre les Chambres, soit simultanément, soit séparément. L'acte de dissolution contient convocation des électeurs dans les quarante jours et des Chambres dans les deux mois.

ART. 72. — Le Roi peut ajourner les Chambres. Toutefois l'ajournement ne peut excéder le terme d'un mois, ni être renouvelé dans la même session, sans l'assentiment des Chambres.

ART. 73. — Il a le droit de remettre ou de réduire les peines prononcées par les juges, sauf ce qui est statué relativement aux ministres.

ART. 74. — Il a le droit de battre monnaie, en exécution de la loi.

Art. 75. — Il a le droit de conférer des titres de noblesse, sans pouvoir jamais y attacher aucun privilège.

Art. 76. — Il confère les ordres militaires, en observant, à cet égard, ce que la loi prescrit.

Art. 77. — La loi fixe la liste civile pour la durée de chaque règne.

Art. 78. — Le Roi n'a d'autres pouvoirs que ceux que lui attribuent formellement la Constitution et les lois particulières portées en vertu de la Constitution même.

Art. 79. — A la mort du Roi, les Chambres s'assemblent sans convocation, au plus tard le dixième jour après celui du décès. Si les Chambres ont été dissoutes antérieurement et que la convocation ait été faite, dans l'acte de dissolution, pour une époque postérieure au dixième jour, les anciennes Chambres reprennent leurs fonctions jusqu'à la réunion de celles qui doivent les remplacer.

S'il n'y a eu qu'une Chambre dissoute, on suit la même règle à l'égard de cette Chambre.

A dater de la mort du Roi et jusqu'à la prestation du serment de son successeur au trône ou du régent, les pouvoirs constitutionnels du Roi sont exercés, au nom du peuple belge, par les ministres réunis en conseil et sous leur responsabilité.

Art. 80. — Le Roi est majeur à l'âge de dix-huit ans accomplis.

Il ne prend possession du trône qu'après avoir solennellement prêté, dans le sein des Chambres réunies, le serment suivant:

« Je jure d'observer la Constitution et les lois du peuple Belge, de maintenir l'indépendance nationale et l'intégrité du territoire. »

ART. 81. — Si, à la mort du Roi, son successeur est mineur, les deux Chambres se réunissent en une seule assemblée, à l'effet de pourvoir à la régence et à la tutelle.

ART. 82. — Si le Roi se trouve dans l'impossibilité de régner, les ministres, après avoir fait constater cette impossibilité, convoquent immédiatement les Chambres. Il est pourvu à la tutelle et à la régence par les Chambres réunies.

ART. 83. — La régence ne peut être conférée qu'à une seule personne.

Le régent n'entre en fonctions qu'après avoir prêté le serment prescrit par l'article 80.

ART. 84. — Aucun changement à la Constitution ne peut être fait pendant une régence.

ART. 85. — En cas de vacance du trône, les Chambres, délibérant en commun, pourvoient provisoirement à la régence, jusqu'à la réunion des Chambres intégralement renouvelées; cette réunion a lieu au plus tard dans les deux mois. Les Chambres nouvelles, délibérant en commun, pourvoient définitivement à la vacance.

SECTION II. — *Des ministres.*

ART. 86. — Nul ne peut être ministre s'il n'est Belge de naissance ou s'il n'a reçu la grande naturalisation.

Art. 87. — Aucun membre de la Famille royale ne peut être ministre.

Art. 88. — Les ministres n'ont voix délibérative dans l'une ou l'autre Chambre que quand ils en sont membres.

Ils ont leur entrée dans chacune des Chambres et doivent être entendus quand ils le demandent.

Les Chambres peuvent requérir la présence des ministres.

Art. 89. — En aucun cas, l'ordre verbal ou écrit du Roi ne peut soustraire un ministre à la responsabilité.

Art. 90. — La Chambre des représentants a le droit d'accuser les ministres et de les traduire devant la Cour de cassation, qui seule a le droit de les juger, chambres réunies, sauf ce qui sera statué par la loi quant à l'exercice de l'action civile par la partie lésée et aux crimes et délits que des ministres auraient commis hors l'exercice de leurs fonctions.

Une loi déterminera les cas de responsabilité, les peines à infliger aux ministres et le mode de procéder contre eux, soit sur l'accusation admise par la Chambre des représentants, soit sur la poursuite des parties lésées.

Art. 91. — Le Roi ne peut faire grâce au ministre condamné par la Cour de cassation, que sur la demande de l'une des deux Chambres.

CHAPITRE III

DU POUVOIR JUDICIAIRE.

ART. 92. — Les contestations qui ont pour objet des droits civils sont exclusivement du ressort des tribunaux.

ART. 93. — Les contestations qui ont pour objet des droits politiques sont du ressort des tribunaux, sauf les exceptions établies par la loi.

ART. 94. — Nul tribunal, nulle juridiction contentieuse ne peut être établi qu'en vertu d'une loi. Il ne peut être créé de commissions ni de tribunaux extraordinaires, sous quelque dénomination que ce soit.

ART. 95. — Il y a pour toute la Belgique une Cour de cassation.

Cette cour ne connaît pas du fond des affaires, sauf le jugement des ministres.

ART. 96. — Les audiences des tribunaux sont publiques, à moins que cette publicité ne soit dangereuse pour l'ordre ou les mœurs; et, dans ce cas, le tribunal le déclare par un jugement.

En matière de délits politiques et de presse, le huis-clos ne peut être prononcé qu'à l'unanimité.

ART. 97. — Tout jugement est motivé. Il est prononcé en audience publique.

ART. 98. — Le jury est établi en toutes matières criminelles et pour délits politiques et de la presse.

ART. 99. — Les juges de paix et les juges des tribunaux sont directement nommés par le Roi.

Les conseillers des cours d'appel et les présidents et vice-présidents des tribunaux de première instance de leur ressort sont nommés par le Roi, sur deux listes doubles, présentées l'une par ces cours, l'autre par les conseils provinciaux.

Les conseillers de la Cour de cassation sont nommés par le Roi, sur deux listes doubles, présentées l'une par le Sénat, l'autre par la Cour de cassation.

Dans ces deux cas, les candidats portés sur une liste peuvent également être portés sur l'autre.

Toutes les présentations sont rendues publiques au moins quinze jours avant la nomination.

Les cours choisissent dans leur sein leurs présidents et vice-présidents.

Art. 100. — Les juges sont nommés à vie.

Aucun juge ne peut être privé de sa place ni suspendu que par un jugement.

Le déplacement d'un juge ne peut avoir lieu que par une nomination nouvelle et de son consentement.

Art. 101. — Le Roi nomme et révoque les officiers du ministère public près des cours et des tribunaux

Art. 102. — Les traitements des membres de l'ordre judiciaire sont fixés par la loi.

Art. 103. — Aucun juge ne peut accepter du gouvernement des fonctions salariées, à moins qu'il ne les exerce gratuitement et sauf les cas d'incompatibilité déterminés par la loi.

Art. 104. — Il y a trois cours d'appel en Belgique.

La loi détermine leur ressort et les lieux où elles sont établies.

Art. 105. — Des lois particulières règlent l'organisation des tribunaux militaires, leurs attributions, les droits et obligations des membres de ces tribunaux et la durée de leurs fonctions.

Il y a des tribunaux de commerce dans les lieux déterminés par la loi. Elle règle leur organisation, leurs attributions, le mode de nomination de leurs membres et la durée des fonctions de ces derniers.

Art. 106. — La Cour de cassation prononce sur les conflits d'attributions, d'après le mode réglé par la loi.

Art. 107. — Les cours et tribunaux n'appliqueront les arrêtés et règlements généraux, provinciaux et locaux qu'autant qu'ils seront conformes aux lois.

CHAPITRE IV

DES INSTITUTIONS PROVINCIALES OU COMMUNALES.

Art. 108. — Les institutions provinciales et communales sont réglées par des lois.

Ces lois consacrent l'application des principes suivants :

1° L'élection directe, sauf les exceptions que la loi peut établir à l'égard des chefs des administrations communales et des commissaires du gouvernement près des conseils provinciaux ;

2° L'attribution aux conseils provinciaux et communaux de tout ce qui est de l'intérêt provincial et communal, sans préjudice de l'approbation de leurs actes dans les cas et suivant le mode que la loi détermine ;

3° La publicité des séances des conseils provinciaux et communaux dans les limites établies par la loi ;

4° La publicité des budgets et des comptes ;

5° L'intervention du Roi ou du pouvoir législatif, pour empêcher que les conseils provinciaux et communaux ne sortent de leurs attributions et ne blessent l'intérêt général.

Art. 109. — La rédaction des actes de l'état civil et la tenue des registres sont exclusivement dans les attributions des autorités communales.

TITRE IV

Des finances.

Art. 110. — Aucun impôt au profit de l'Etat ne peut être établi que par une loi.

Aucune charge, aucune imposition provinciale ne peut être établie que du consentement du conseil provincial.

Aucune charge, aucune imposition communale ne peut être établie que du consentement du conseil communal.

La loi détermine les exceptions dont l'expérience démontrera la nécessité, relativement aux impositions provinciales et communales.

Art. 111. — Les impôts au profit de l'Etat sont votés annuellement.

Les lois qui les établissent n'ont de force que pour un an, si elles ne sont renouvelées.

Art. 112. — Il ne peut être établi de privilège en matière d'impôts.

Nulle exemption ou modération d'impôts ne peut être établie que par une loi.

Art. 113. — Hors les cas formellement exceptés par la loi, aucune rétribution ne peut être exigée des citoyens qu'à titre d'impôt au profit de l'Etat, de la province ou de la commune. Il n'est rien innové au régime actuellement existant des polders et des wateringen, lequel reste soumis à la législation ordinaire.

Art. 114. — Aucune pension, aucune gratification à la charge du trésor public ne peut être accordée qu'en vertu d'une loi.

Art. 115. — Chaque année, les Chambres arrêtent la loi des comptes et votent le budget.

Toutes les recettes et dépenses de l'Etat doivent être portées au budget et dans les comptes.

Art. 116. — Les membres de la cour des comptes sont nommés par la Chambre des représentants et pour le terme fixé par la loi.

Cette cour est chargée de l'examen et de la liquidation des comptes de l'administration générale et de tous comptables envers le trésor public. Elle veille à ce qu'aucun article des dépenses du budget ne soit dépassé et qu'aucun transfert n'ait lieu. Elle arrête les comptes des différentes administrations de l'Etat et est chargée de recueillir à cet effet tout renseignement et toute pièce comptable nécessaire. Le compte général de l'Etat est soumis aux Chambres avec les observations de la cour des comptes.

Cette cour est organisée par une loi.

ART. 117. — Les traitements et pensions des ministres des cultes sont à la charge de l'Etat ; les sommes nécessaires pour y faire face sont annuellement portées au budget.

TITRE V

De la force publique.

ART. 118. — Le mode de recrutement de l'armée est déterminé par la loi. Elle règle également l'avancement, les droits et les obligations des militaires.

ART. 119. — Le contingent de l'armée est voté annuellement. La loi qui le fixe n'a de force que pour un an, si elle n'est renouvelée.

ART. 120. — L'organisation et les attributions de la gendarmerie font l'objet d'une loi.

ART. 121. — Aucune troupe étrangère ne peut être admise au service de l'Etat, occuper ou traverser le territoire qu'en vertu d'une loi.

ART. 122. — Il y a une garde civique ; l'organisation en est réglée par la loi.

Les titulaires de tous les grades, jusqu'à celui de capitaine au moins, sont nommés par les gardes, sauf les exceptions jugées nécessaires pour les comptables.

Art. 123. — La mobilisation de la garde civique ne peut avoir lieu qu'en vertu d'une loi.

Art. 124. — Les militaires ne peuvent être privés de leurs grades, honneurs et pensions que de la manière déterminée par la loi.

TITRE VI

Dispositions générales.

Art. 125. — La nation belge adopte les couleurs rouge, jaune et noire, et pour les armes du royaume le lion belgique, avec la légende : L'UNION FAIT LA FORCE.

Art. 126. — La ville de Bruxelles est la capitale de la Belgique et le siège du gouvernement.

Art. 127. — Aucun serment ne peut être imposé qu'en vertu de la loi. Elle en détermine la formule.

Art. 128. — Tout étranger qui se trouve sur le territoire de la Belgique jouit de la protection accordée aux personnes et aux biens, sauf les exceptions établies par la loi.

Art. 129. — Aucune loi, aucun arrêté ou règlement d'administration générale, provinciale ou communale n'est obligatoire qu'après avoir été publié dans la forme déterminée par la loi.

Art. 130. — La Constitution ne peut être suspendue en tout ou en partie.

TITRE VII

De la revision de la Constitution.

Art. 131. — Le pouvoir législatif a le droit de déclarer qu'il y a lieu à la revision de telle disposition constitutionnelle qu'il désigne.

Après cette déclaration, les deux Chambres sont dissoutes de plein droit.

Il en sera convoqué deux nouvelles, conformément à l'article 71.

Ces Chambres statuent, de commun accord avec le Roi, sur les points soumis à la revision.

Dans ce cas, les Chambres ne pourront délibérer si deux tiers au moins des membres qui composent chacune d'elles ne sont présents, et nul changement ne sera adopté s'il ne réunit au moins les deux tiers des suffrages.

TITRE VIII

Dispositions transitoires.

Art. 132. — Pour le premier choix du chef de l'État, il pourra être dérogé à la première disposition de l'article 80.

Art. 133. — Les étrangers établis en Belgique avant le 1er janvier 1814 et qui ont continué d'y être domiciliés sont considérés comme Belges de naissance, à la condition de déclarer que leur intention est de jouir du bénéfice de la présente disposition.

L déclaration devra être faite dans les six mois,

à compter du jour où la présente Constitution sera obligatoire, s'ils sont majeurs, et dans l'année qui suivra leur majorité, s'ils sont mineurs.

Cette déclaration aura lieu devant l'autorité provinciale à laquelle ressortit le lieu où ils ont leur domicile.

Elle sera faite en personne ou par un mandataire porteur d'une procuration spéciale et authentique.

Art. 134. — Jusqu'à ce qu'il y soit pourvu par une loi, la Chambre des représentants aura un pouvoir discrétionnaire pour accuser un ministre, et la Cour de cassation pour le juger, en caractérisant le délit et en déterminant la peine.

Néanmoins, la peine ne pourra excéder celle de la réclusion, sans préjudice des cas expressément prévus par les lois pénales.

Art. 135. — Le personnel des cours et des tribunaux est maintenu tel qu'il existe actuellement, jusqu'à ce qu'il y ait été pourvu par une loi.

Cette loi devra être portée pendant la première session législative.

Art. 136. — Une loi, portée dans la même session, déterminera le mode de la première nomination des membres de la Cour de cassation.

Art. 137. — La loi fondamentale du 24 août 1815 est abolie, ainsi que les statuts provinciaux et locaux. Cependant, les autorités provinciales et locales conservent leurs attributions jusqu'à ce que la loi y ait autrement pourvu.

Art. 138. — A compter du jour où la Constitution

sera exécutoire, toutes les lois, décrets, arrêtés, règlements et autres actes qui y sont contraires sont abrogés.

Dispositions supplémentaires.

Art. 139. — Le Congrès national déclare qu'il est nécessaire de pourvoir, par des lois séparées et dans le plus court délai possible, aux objets suivants :

1° La presse;

2° L'organisation du jury;

3° Les finances;

4° L'organisation provinciale et communale;

5° La responsabilité des ministres et autres agents du pouvoir;

6° L'organisation judiciaire;

7° La revision de la liste des pensions;

8° Les mesures propres à prévenir les abus du cumul;

9° La revision de la législation des faillites et des sursis;

10° L'organisation de l'armée, les droits d'avancement et de retraite et le Code pénal militaire;

11° La revision des codes.

Charge le pouvoir exécutif de l'exécution du présent décret.

TABLE DES MATIÈRES

	Pages
Introduction	9
De 1831 à 1890	23
Electorat politique	47
Organisation du Sénat	159
Conclusion	199
Texte de la Constitution belge revisée	209

CHAUMONT. — IMPRIMERIE ET LITHOGRAPHIE CAVANIOL.

A LA MÊME LIBRAIRIE

Histoire de la discipline parlementaire, règles et usages des assemblées politiques des deux mondes, l'enquête du Foreign Office sur la clôture, le serment, les modes de votation, etc. La réforme du règlement de la Chambre des communes, suivie d'une table alphabétique des auteurs et des personnages politiques cités dans l'ouvrage, par AUGUSTE REYNAERT, docteur en droit, membre et secrétaire de la Chambre des représentants de Belgique, etc. 1884, 2 vol. in-8 .... 18 fr.

Le tribunal international, par le comte L. KAMAROWSKI, professeur à l'Université de Moscou, ouvrage traduit par S. DE WESTMAN, ancien élève de l'école des sciences politiques, et précédé d'une introduction par JULES-LACOINTA, ancien avocat général à la Cour de cassation. 1887, 1 vol. in-8 .... 8 fr.

La mer territoriale, au point de vue théorique et pratique, par J. IMBART LATOUR, docteur en droit. 1889, 1 vol. in-8 .... 8 fr.

De l'exécution des jugements étrangers dans les divers pays. Législation, jurisprudence, procédure, traités diplomatiques, par CHARLES CONSTANT, avocat à la cour d'appel de Paris. 2e *édition*, refondue et complétée d'après les documents les plus récents. 1890, 1 vol. in-8 .. 5 fr.

Les destinées de l'arbitrage international depuis la sentence rendue par le tribunal de Genève, par E. ROUARD DE CARD, professeur à la Faculté de droit de Toulouse. 1892, 1 vol. in-8 .... 5 fr.

La Papauté en droit international, par J. IMBART LATOUR, docteur en droit, avocat à la Cour d'appel de Paris, lauréat de l'Académie des Sciences morales et politiques. 1893, 1 vol. in-8 .... 5 fr.

La Nationalité française, par ROUARD DE CARD, professeur à la Faculté de droit de Toulouse. 1893, 1 vol. in-18 .... 5 fr.

La Diplomatie française et la Ligue des Neutres de 1780, par M. PAUL FAUCHILLE, docteur en droit, directeur de la *Revue de droit international public*. (Ouvrage couronné par l'Institut de France. — Académie des Sciences morales et politiques, prix Doniol, 1892.) 1893, 1 vol. in-8 .... 10 fr.

CHAUMONT. — IMPRIMERIE ET LITHOGRAPHIE CAVANIOL.

www.ingramcontent.com/pod-product-compliance
Ingram Content Group UK Ltd.
Pitfield, Milton Keynes, MK11 3LW, UK
UKHW022012170726
13837UKWH00001B/132